专家手把手教你参加

政府采购

·主编·

丁志俊　胡祖奎　肖　飞

·编委·

傅　菁　张国魁　张　墨　燕　敏　陈月梅

西南师范大学出版社

国家一级出版社　全国百佳图书出版单位

图书在版编目(CIP)数据

专家手把手教你参加政府采购 / 丁志俊，胡祖奎，肖飞主编. —重庆：西南师范大学出版社，2020.6
ISBN 978-7-5621-9862-8

Ⅰ. ①专… Ⅱ. ①丁… ②胡… ③肖… Ⅲ. ①政府采购制度 - 中国 Ⅳ. ①F812.2

中国版本图书馆CIP数据核字(2019)第115362号

丁志俊 胡祖奎 肖飞 ·主编·
专家手把手教你参加政府采购

责任编辑 秦 路 彭莉芯
责任校对 李 炎
装帧设计 熊 熊
排 版 吴秀琴
出版发行 西南师范大学出版社
网址 www.xscbs.com
地址 重庆市北碚区天生路2号
邮编 400715
经 销 全国新华书店
印 刷 重庆共创印务有限公司
幅面尺寸 170mm×240mm
印 张 15
字 数 214千字
版 次 2020年6月 第1版
印 次 2020年6月 第1次印刷
书 号 ISBN 978-7-5621-9862-8
定 价 45.00元

MULU

目录

QIANYAN

前言

政府采购是公共财政管理的重要活动，也是政府进行经济调控的有效手段。《中华人民共和国政府采购法》(以下简称《政府采购法》)实施十多年来，采购规模不断扩大，2017年我国政府采购总额达到了32 114亿元，占全国财政支出的12.2%，占全年GDP总量的3.9%，较2016年增长了24.8%。但与有的国外政府采购规模占财政支出的30%，GDP的10%相比还有很大差距。我国政府采购市场仍有很大潜力。

《政府采购法》定义的政府采购是指各级国家机关、事业单位和团体组织，使用财政性资金采购依法制定的集中采购目录以内的或者采购限额标准以上的货物、工程和服务的行为。说得通俗一点，政府采购就是一项使用财政性资金进行的买卖活动。采购人在政府采购政策的引导下买到自己想得到的货物或者服务，供应商希望利用政府采购政策，在这场交易中卖出自己的货物或者服务并从中获得收益。

采购人在财政部门的管理下，不断提升自己的采购水平，实现采购目的。但是作为采购活动另一方的供应商的情况是怎样的呢?

评审专家在参加了多年的政府采购评审工作后，发现大量供应商对于政府采购政策不了解，编制的投标文件漏洞百出，错误五花八门，这些问题严重影响了采购活动的效率。面对这些问题，评审专家也只能叹息供应商错失商机，也叹息采购人可能错失优质供应商。

笔者认为要提高政府采购质量，有必要帮助供应商提高对政府采购政策的把握，让他们能准确理解采购文件，编制高质量的投标文件，在遇到不公平待遇时能拿起法律武器，维护自己的合法权益。为此，我们邀请了多年来一直从事相关工作，在政府采购领域有着丰富经验的专家和学者组成了编写组。

他们一直工作在政府采购的最前沿，多年来一直思考着政府采购问题并参与政府采购招标、评审等工作，对政府采购工作有着深刻的认识。编写组在大量调研了国内特别是重庆市政府采购情况的基础上，在重庆港澳大家软件产业有限公司的大力支持和鼓励下，不揣浅陋地撰写了本书，希望本书对于政府采购从业人员特别是供应商参与政府采购活动有所帮助。

本书第一章由重庆市教育委员会经费监管事务中心的秦东升编写；第二、六章由重庆市南开中学的丁志俊编写；第三章由重庆第一中学的胡祖奎编写；第四、八章由重庆招标采购(集团)有限责任公司的傅菁编写；第五章由四川美术学院的张国魁编写；第七章由重庆城市管理职业学院的张墨编写；第九章由重庆市专用通信局的燕敏编写；重庆大学出版社的陈月梅参与了本书的编写；重庆港澳大家软件产业有限公司的肖飞对全书内容进行了整体把握，为本书提供了大量数据和信息支撑。

本书以政府采购的供应商为主要读者对象，遵循实用为主的原则，深入浅出地介绍了政府采购的相关基础知识，希望能为供应商在参与政府采购方面提供帮助。在编写过程中，我们参考了相关的文献，在此向原作者们表示诚挚谢意，若有遗漏请予提出，以便在下一版中补上。由于我们水平有限，加之编写时间仓促，书中难免会存在这样或那样的不足，诚恳欢迎实务工作者和从事教学工作的同行批评指正。

编者

2019年8月

第一章

了解政府采购政策

要了解一项政策,往往要从这项政策的历史沿革说起,政府采购亦不例外。本章重点讲述政府采购政策的历史沿革、组织形式和方式,以及政府采购的政策红线等。

第一节　政府采购的历史沿革

一、政府采购的起源

政府采购的起源可以从国家和政府的产生以及商品经济的产生这两个不同的历史演变来分析。

公元前2800年至公元前2400年,最早的一张政府采购单出现在叙利亚,它写在一块红色的陶制木板上:"用600升谷子换取50瓶润滑油"。公元前3世纪的雅典也有政府采购的记录,人们还发现了恺撒军团的采购订单。政府采购古已有之,只不过当时的政府采购是为了满足统治者骄奢淫逸的生活,大部分都是生活用品;为了满足统治者向外扩张的野心,也有很多军需用品;即使有一部分是关乎民众、生产生活的政府采购或政府的公共工程,其目的也并非是为了满足民众的需求,而统治者发展生产、增强国力的需要,或者是用于维持政治统治的抚民措施。

现代意义的政府采购最早形成于18世纪末19世纪初的自由资本主义时期。1782年,英国政府设立皇家文具公用局(Stationery Office),负责政府部门所需办公用品的采购,后来发展成为物资供应部。文具公用局成立之初,制定了一整套政府采购的程序及规章,采用公开招标的方式进行采购,开政府采购之先河。此举示范作用明显,成为之后各国政府选择采购方式的标尺,也为政府采购确立公开透明、公平竞争、公正及诚实信用原则奠定了坚实的基础。

世界上最早对政府采购进行立法是美国在1761年颁布了《联邦采购法》。1861年美国出台的一项联邦法案规定,每一项采购至少有3个投标人,明确了采购机构、官员应遵循的程序和方法。此后,西方各国都成立了专门机构或通过了相关法律，确定了政府采购管理的重要地位。随着社会经济的发展，政府采购的适用范围逐步扩大，当今各国政府采购的含义与过去大不相同了，真正完整意义上的政府采购，是现代市场经济发展的产物。

二、政府采购的发展

1.国外政府采购制度的发展

在近代市场经济（自由市场经济）阶段，市场是资源配置的主要方式。市场经济国家信奉“看不见的手”，政府基本上不参与、不干预国民经济活动，政府也很少直接承担公共工程和物资采购。因此，政府采购市场不发达、不完善。

到了资本主义市场经济时期，特别是19世纪30年代资本主义国家经济大危机后，市场经济国家普遍认识到市场经济并不是万能的，为弥补市场的缺陷，他们逐步认同并采纳了凯恩斯主义的国家干预思想，开始广泛使用经济手段和法律手段干预国民经济。在这种历史背景下，作为财政支出重要组成部分的政府采购的作用越发明显，各项政府采购的法律法规也应运而生。

美国政府采购法律体系涉及面广，覆盖面宽，内容丰富。1868年，国会通过立法确定公开招标和公共授予合同的程序。1947年，国会通过《武装部队采购法》确立了国防采购的方法和程序，并将军事采购的权利和责任赋予国防部的后勤局，在军事国防领域实现了政府集中采购。1949年，国会又通过了《联邦财产与行政服务法》，该法为联邦服务总署提供了统一的采购政策和方法，并明确了联邦服务总署为联邦政府的绝大多数民用部门组织集中采购的权利。1962年通过了《合同竞争法案》，特别强调公开竞争对于政府采购制度的重要意义。1974年颁布了《联邦采购局政策法案》。1984年颁布《联邦政府采购条例》，规定联邦政府的所有行政机构都必须依照法律程序实施采购。

1973年，英国加入欧洲经济共同体后，逐步形成了较为完善的政府采购体系和运作规则。1991年，制定了《英国公共工程合同规则》。1993年，制定了《英国公共设施供应的公用事业工程合同规则》。1994年，制定了《英国公共服务合约法规》等。这些法律法规主要包括一般合同与商业法律，也有政府采购的专门法律，涵盖了政府采购的各个方面。英国是判例法国家，判例的不断涌现在很大程度上促进了政府采购法律制度的完善。

法国政府早在20世纪60年代就颁布了《公共采购法》，明文规定了公共采购的方式、程序、授权人的权限以及监督机制等。1999年，法国财政部提出《公共采购法》改革草案，确立了尽可能向中小企业开放、加大购物程序的透明度和保障购物方的司法权、明确公共采购法的执行范围、提高公共采购效率等四个原则目标。

在亚洲，韩国于1949年1月建立了第一个统一采购机构——对外援助临时供应办公室，负责利用政府外汇基金向外购买政府所需的物品。1955年1月，韩国将采购和供应集中到一个机构——对外供应办公室，采购资金来源包括政府外汇基金、外国援助基金和政府贷款。1966年，成立供应办公室，统一负责对外采购和国内采购、重点工程采购、对企业需要的重要原材料贮存采购及供应事务。1997年1月，供应办公室升级为采购厅，由财政部制定采购政策，采购厅负责采购，实行管采分离。

日本作为世界贸易组织（World Trade Organization，WTO）缔约国之一，其开始政府采购活动的时间较早。该国的政府采购模式以分散采购为主，规范中央采购的法律法规主要有《会计法》《预算、决算及会计令》《国家物品等特定采购程序的特别政令》；规范地方采购的法律法规有《地方自治法》《地方自治法实施条令》。1995年，根据WTO《政府采购协议》要求，确定了适用《政府采购协议》的政府采购实体和范围。此外，为保护本国供应商的利益，日本政府建立了政府采购申诉新体制——质疑机制，通过"非歧视的、透明的、及时的和有效的"程序，利用法院或其他公平、独立的审查机构审理有关质疑。

2.我国政府采购制度的建立和发展

政府采购制度在我国仅有二十多年的发展时间。我国政府采购制度经历了研究探索、试点、全面实施三个阶段。

（1）研究探索阶段（1995年至1998年7月）

1995年，财政部在研究财政支出改革问题时，将政府采购制度列为重大课题。

1996年,上海、河北、深圳等地启动了政府采购试点工作。1996年10月,财政部编写了第一份政府采购简报。同年,上海市政府采购试点工作取得了进展,节约支出效果明显。1997年,财政部向国务院法制办报送了制定《政府采购条例》的立法请示。当年,国务院法制办就《中华人民共和国招标投标法》(以下简称《招标投标法》)的立法思想进行了协调。

(2)试点阶段(1998年7月至2003年1月)

1998年7月,财政部指定《中国财经报》作为政府采购的宣传媒体;同年,国务院明确我国政府采购的管理机构为财政部,赋予其“拟定和执行政府采购政策”的职能。1999年4月,财政部印发的《中华人民共和国政府采购管理暂行办法》是我国第一部关于政府采购管理的部门规章,结束了我国政府采购无法可依的尴尬局面。2000年6月,财政部在国库司设立了政府采购管理机构,建立了政府采购预算管理制度和政府采购资金财政直接支付制度。2002年6月29日,《政府采购法》由第九届全国人民代表大会常务委员会第二十八次会议通过。

(3)全面实施阶段(2003年1月至今)

2003年1月1日,《政府采购法》正式实施,标志着我国的政府采购制度由试点进入全面实施阶段,我国的政府采购工作步入新的发展时期,规范化程度不断提升,管理工作不断加强,如批量集中采购得以推广、政府采购预算管理得以加强、政府向社会力量购买服务得以拓展等。这一时期,我国的政府采购不仅规模快速增长,从试点初期的几亿元到2016年的3万亿元,而且采购范围也逐渐扩大,由计算机、复印机、小汽车等标准通用产品拓展到工程和服务领域。

第二节　政府采购的组织形式和方式

一、政府采购的组织形式

政府采购的组织形式包括集中采购和分散采购。

1.集中采购

政府集中采购是指由政府设立的集中采购机构(政府采购中心)依据政府制定的集中采购目录,受采购人的委托,按照公开、公平、公正的采购原则,以及必须采取的市场竞争机制和一系列专门操作规程进行的统一采购。这是政府采购的主要形式。部门集中采购是指主管部门统一组织实施纳入部门集中采购目录以内的货物、工程、服务的采购活动。

政府集中采购是政府行为,依据《政府采购法》和各地区自行制定的政府集中采购细则及规定的政府采购目录范围予以实施。部门集中采购是各部门的管理权限,可以在政府采购的范围内,也可以扩大设备物资的品目范围,按照本部门的工作职责和要求,对所属单位进行管理的一种措施。

2.分散采购

分散采购是指采购人对集中采购目录以外,且限额标准以上的货物、工程、服务进行的非集中采购。分散采购可以由采购单位自己组织,也可以委托采购代理机构。分散采购是政府采购的组织形式之一,必须按照政府采购程序实施。

二、政府采购方式

政府采购方式是政府采购制度的核心内容。政府采购方式包括公开招标、邀请招标、竞争性谈判、单一来源采购、询价采购、竞争性磋商以及国务院政府采购监督管理部门认定的其他采购方式。

1.公开招标

公开招标,是指采购人或其委托的政府采购代理机构以招标公告的方式邀请不特定的供应商参加投标竞争,择优选择中标供应商的采购方式。由于公开招标最能体现政府采购制度的优越性,因此它成为《政府采购法》规定的主要采购方式。公开招标采购有以下特点:

第一,招标程序的公开性。为在尽可能大的范围内寻找符合要求的中标者，对供应商不做特别限制，只要符合基本条件都可以参与投标，无差别、无歧视地参与竞争。整个采购程序在公开情况下进行，所有招标信息公开，包括在指定或选定的媒体上公开发布招标公告，邀请所有潜在的投标人参加投标；事先公布投标商资格审查标准和最佳投标商评选标准；在投标文件的最后截止日公开开标；公布开标结果。

第二，招标程序的竞争性。公开招标作为一种规范、有约束的竞争，有严格的程序和实施办法。通过招标程序，招标采购单位可最大限度鼓励供应商展开竞争，从而有可能以更低的价格采购到所需要的货物或服务，更充分地获得市场利益，实现政府采购的经济效益目标。

第三，招标采购的一致性。招标采购的交易过程既不同于一般交易，也不同于询价采购或竞争性谈判采购。招标采购的交易过程禁止双方就投标文件的实质内容进行面对面谈判，不能讨价还价，供应商只能进行一次性秘密报价，并以合理价格定标。

2.邀请招标

邀请招标，又称为有限竞争招标，是指采购人或其委托的政府采购代理机构以投标邀请书的方式邀请三家及以上特定的供应商参与投标的采购方式。与公开招标采购相比，邀请招标采购的特点有：

第一，发布信息的方式为投标邀请书。

第二，采购人在一定范围内邀请供应商参加投标。

第三，竞争范围有限，采购人只需要向至少三家供应商发出邀请标书即可。

第四，招标时间大大缩短，招标费用相对较少。

第五，公开程度次于公开招标。

3.竞争性谈判

竞争性谈判，是指采购人或其委托的政府采购代理机构按照预先规定的评审标准、成交原则，分别与多家供应商就采购事宜进行直接谈判，经分析比较后从中确定中标供应商的采购方式。竞争性谈判采购有以下特点：

第一，准备期缩短，采购项目发挥作用时间更快。

第二，工作量减少，工作效率提高，采购成本减少。

第三，供求双方能进行更为灵活的谈判。

第四，有利于对民族工业进行保护。

第五，能够激励供应商自觉将高科技应用到采购产品中，同时又能降低采购风险。

4.单一来源采购

单一来源采购也称直接采购，是指采购人采购不具备竞争条件的物品，在只能从唯一的供应商那里取得采购货物或服务的情况下，直接向该供应商进行采购的方式。单一来源采购有以下特点：

第一，采购单位所购商品来源渠道单一，采购环节相对较少，具有很强的时效性。

第二，单一来源采购方式缺乏必要、充分的竞争，采购方处于不利地位，单一供应商可能会凭借其独特地位借机提高价格或提出其他附加条件，增加采购成本。

5.询价采购

询价采购，也称“选购”，是指采购人通过成立询价小组向符合资格条件的国内外供应商（通常不少于三家）发出采购货物询价通知书，要求供应商一次报出不得更改的价格，采购人从询价小组提出的成交候选供应商中确定成交供应商的采购方式。询价具有一定的竞争性，有利于降低采购成本，促进公平竞争，保证交易的公正性，维护采购人和供应商双方利益。询价采购有以下特点：

第一，邀请报价的供应商至少三家，具有一定竞争性。

第二，只允许参与询价的供应商一次报出不得更改的价格。

第三，询价采购的评审结果应为报价最低的有效供应商。

6. 竞争性磋商

竞争性磋商采购，是指采购人、政府采购代理机构通过组建竞争性磋商小组与符合条件的供应商就采购货物、工程或服务事宜进行磋商，供应商按照磋商文件的要求提交响应文件和报价，采购人从磋商小组评审后提出的候选供应商名单中确定成交供应商的采购方式。竞争性磋商采购有以下特点：

第一，准备期缩短，采购项目发挥作用较快。

第二，工作效率提高，采购成本减少。

第三，供求双方的谈判更为灵活。磋商小组可对采购需求中的技术、服务要求以及合同草案条款进行实质性变动，以更好地满足采购人的需求。

第四，弱化了价格的主导作用，适应政府购买服务、政府与社会资本合作（PPP）改革的需要。竞争性磋商采购采用综合评分法对供应商进行比较，评价因素更为全面完整，采购人可购买到性价比最高的货物或服务。

表1-1　六种政府采购方式的适用情况及对比

<table>
<tr><th>采购方式</th><th>适用条件</th><th>投标供应商数量</th><th>数额标准</th><th>特别规定</th></tr>
<tr><td>公开招标</td><td>集中采购目录以内的或者公开招标数额标准以上的货物、工程或服务</td><td>不少于三家供应商参加投标</td><td rowspan="2">属于中央预算的政府采购项目，由国务院规定；属于地方预算的政府采购项目，由省、自治区、直辖市人民政府规定</td><td>不得将应当以公开招标方式采购的货物、服务化整为零或者以其他任何方式规避公开招标采购</td></tr>
<tr><td>邀请招标</td><td>1. 具有特殊性，只能从有限范围的供应商处采购；2. 采用公开招标方式的费用占政府采购项目总价值的比例过大的</td><td>从符合相应资格条件的供应商中，通过随机方式选择三家以上的供应商</td><td></td></tr>
</table>

续表

<table>
<tr><th>采购方式</th><th>适用条件</th><th>投标供应商数量</th><th>数额标准</th><th>特别规定</th></tr>
<tr><td>单一来源采购</td><td>1. 只能从唯一的供应商处采购；2. 发生了不可预见的紧急情况不能从其他供应商处采购；3. 必须保证原有采购项目一致性或者服务配套的要求，需要继续从原供应商处添购，且添购资金总额不超过原合同采购金额的百分之十</td><td>从唯一的供应商处采购</td><td rowspan="4">集中采购目录以内，且未达到公开招标数额标准的货物、服务；未达到公开招标数额标准、采购限额标准以上、集中采购目录以外的货物、服务；达到公开招标数额标准、经批准采用非公开招标方式的货物、服务；按照《招标投标法》及其实施条例必须进行招标的工程建设项目以外的政府采购工程</td><td rowspan="4">在采购活动开始前，报经主管预算单位同意后，向设区的市、自治州以上人民政府财政部门申请批准</td></tr>
<tr><td>竞争性谈判</td><td>1. 招标后没有供应商投标或者没有合格标的或者重新招标未能成立；2. 技术复杂或者性质特殊，不能确定详细规格或者具体要求；3. 采用招标所需时间不能满足用户的紧急需要；4. 不能事先计算出价格总额</td><td rowspan="3">通过发布公告，从省级以上财政部门建立的供应商库中随机抽取或者采购人和评审专家分别书面推荐的方式邀请符合相应资格条件的供应商参与竞争性谈判、询价采购活动或者竞争性磋商采购活动</td></tr>
<tr><td>竞争性磋商</td><td>1. 政府购买服务项目；2. 技术复杂或者性质特殊，不能确定详细规格或者具体要求；3. 因艺术品采购、专利、专有技术或者服务的时间、数量事先不能确定等原因不能事先计算出价格总额；4. 市场竞争不充分的科研项目，以及需要扶持的科技成果转化项目；5. 按照《招标投标法》及其实施条例必须进行招标的工程建设项目以外的工程建设项目</td></tr>
<tr><td>询价采购</td><td>采购的货物规格、标准统一、现货货源充足且价格变化幅度小的政府采购项目，可以依照《政府采购法》采用询价方式采购</td></tr>
</table>

第三节　政府采购的政策红线

一、采购人、采购代理机构及其工作人员的政策红线

(一)采购人、采购代理机构有下列情形之一的,责令限期改正,给予警告,可以并处罚款,行政主管部门或者有关机关对直接负责的主管人员和其他直接责任人员给予处分,并予通报:

(1)应当采用公开招标方式而擅自采用其他方式采购的;

(2)擅自提高采购标准的;

(3)委托不具备政府采购业务代理资格的机构办理采购事务的;

(4)以不合理的条件对供应商实行差别待遇或者歧视待遇的;

(5)在招标采购过程中与投标人进行协商谈判的;

(6)中标、成交通知书发出后不与中标、成交供应商签订采购合同的;

(7)拒绝有关部门依法实施监督检查的。

(二)采购人、采购代理机构及其工作人员有下列情形之一,构成犯罪的,依法追究刑事责任;尚不构成犯罪的,处以罚款,有违法所得的,并处没收违法所得,属于国家机关工作人员的,依法给予行政处分:

(1)与供应商或者采购代理机构恶意串通的;

(2)在采购过程中接受贿赂或者获取其他不正当利益的;

(3)在有关部门依法实施的监督检查中提供虚假情况的;

(4)开标前泄露标底的。

(三)有前两种违法行为之一影响中标、成交结果或者可能影响中标、成交结果的,按下列情况分别处理:

(1)未确定中标、成交供应商的,终止采购活动;

(2)中标、成交供应商已经确定但采购合同尚未履行的,撤销合同,从合格的中标、成交候选人中另行确定中标、成交供应商;

(3)采购合同已经履行的,给采购人、供应商造成损失的,由责任人承担赔偿责任。

（四）采购人对应当实行集中采购的政府采购项目，不委托集中采购机构实行集中采购的，由政府采购监督管理部门责令改正；拒不改正的，停止按预算向其支付资金，由其上级行政主管部门或者有关机关依法给予其直接负责的主管人员和其他直接责任人员处分。

采购人未依法公布政府采购项目的采购标准和采购结果的，责令改正，对直接负责的主管人员依法给予处分。

（五）采购人、采购代理机构违反《政府采购法》规定隐匿、销毁应当保存的采购文件或者伪造、变造采购文件的，由政府采购监督管理部门处以二万元以上十万元以下的罚款，对其直接负责的主管人员和其他直接责任人员依法给予处分；构成犯罪的，依法追究刑事责任。

二、供应商的政策红线

供应商有下列情形之一的，处以采购金额千分之五以上千分之十以下的罚款，列入不良行为记录名单，在一至三年内禁止参加政府采购活动，有违法所得的，并处没收违法所得，情节严重的，由工商行政管理机关吊销营业执照；构成犯罪的，依法追究刑事责任：

（1）提供虚假材料谋取中标、成交的；

（2）采取不正当手段诋毁、排挤其他供应商的；

（3）与采购人、其他供应商或者采购代理机构恶意串通的；

（4）向采购人、采购代理机构行贿或者提供其他不正当利益的；

（5）在招标采购过程中与采购人进行协商谈判的；

（6）拒绝有关部门监督检查或者提供虚假情况的。

供应商有前款第（1）至（5）项情形之一的，中标、成交无效。

为加强政府采购供应商管理，进一步规范供应商的政府采购行为，加快建设政府采购市场诚信体系，促进供应商依法、诚信经营和公平竞争，上海、天津、浙江、辽宁、重庆、深圳、安徽等地先后出台了《采购供应商注册及诚信管理暂行办法》，对供应商设定了诚信等政策红线。

三、政府采购监督管理部门的政策红线

政府采购监督管理部门的工作人员在实施监督检查中违反《政府采购法》规定:滥用职权,玩忽职守,徇私舞弊的,依法给予行政处分;构成犯罪的,依法追究刑事责任。

政府采购监督管理部门对供应商的投诉逾期未做处理的,给予直接负责的主管人员和其他直接责任人员行政处分;对集中采购机构业绩的考核,有虚假陈述,隐瞒真实情况的,或者不做定期考核和公布考核结果的,应当及时纠正,由其上级机关或者监察机关对其负责人进行通报,并对直接负责的人员依法给予行政处分。

第二章 熟悉政府采购流程

投标人要参加政府采购，必须要了解工作流程，所谓“知己知彼，百战不殆”。

什么是政府采购流程呢？政府采购流程有广义与狭义两层含义。广义的政府采购流程是一个政府采购项目从一开始确定立项采购直至采购活动完全结束的完整的运作过程。狭义的政府采购程序是指为实现政府采购目标，根据所确立的政府采购方式的特点，法律规定的执行该政府采购方式所应遵循的步骤。本章重点是从广义的政府采购流程中让大家了解参与政府采购工作的各个角色，包括采购人、代理机构、投标人三方，参加政府采购的流程。

第一节　采购人的工作流程

上一章我们从政府采购政策中了解到，政府采购有很多种形式，对应的每一种形式采购人都有一个相对不同的流程。不管通过哪种形式进行政府采购，采购人都需要进行以下准备工作。

采购人根据单位发展计划实施采购项目，编制项目预算，对项目实施可行性分析内部报告的编制并进行讨论；采购项目确定后采购人进行市场调研，明确采购需求，落实资金来源（自筹资金或财政补助资金）；资金落实后，在政府采购系统中上报采购计划，确定政府采购的组织形式和方式；获得同级财政批复后，采购工作才能继续进行。

采购人提出的采购需求应当合规、完整、明确，包括采购标的需要实现的功能或目标；为落实政府采购政策需要满足的要求；采购标的需要执行的国家相关标准、行业标准、地方标准或者其他标准、规范；采购标的需要满足的质量、安全、技术规格、物理特性等要求；采购标的数量、采购项目交付或实施的时间和地点；采购标的需满足的服务标准、期限、效率要求；采购标的验收标准。采购需求的制定是采购活动中十分关键的一步，如果采购需求出现问题，整个采购活动会沿着错误的方向进行。对于采购需求确实无法详细描述的，供应商可以提供设计方案和解决方案以明确需求。（以某采购中心提供的货物类政府采购项目需求表为例，如表2-1所示）

表 2-1　政府采购项目需求表

（以货物类为例）

采购项目名称：

采购人名称：

项目经办人：　　　　　　　　　　　　　　　　采购单位负责人：

采购资金来源：是否是财政资金（是）　　　　　　联系电话：

要求事项	内容	说明
一、供应商特定资格条件		除《政府采购法》第二十二条第一款规定以外，采购人对所采购项目有特殊要求的特定资格条件
二、技术规格、参数、数量及要求		1. 采用公开招标文件方式的，实质性要求条款的，请用符号“★”标明； 2. 未尽事项，可另附表格或材料
三、商务要求	1. 工期： 2. 质保期： 3. 付款方式： 4. 业绩（指公开招标项目）： 5. 售后服务要求： 6. 安装调试及技术服务（含培训）要求： 7. 验收标准和方法： 8. 附件及零配件、备品备件的要求： 9. 其他需要说明的事项：	
四、其他要求		

采购人根据市场调查，进行价格测算，在采购预算额度内合理设定最高限价。

以《重庆市 2019—2020 年政府集中采购目录及限额标准》为例，列入市级政府集中采购目录，单次采购金额 50 万元及以上的项目，应委托集中采购机构（重庆市政府采购中心）代理采购。如果是区级单位，限额以上的采购项目，应委托所在区公共资源交易中心代理采购。

其中，台式计算机、便捷式计算机、平板式微型计算机、操作系统、办公软件、公务车、医疗设备为协议供货品目，单次采购金额在1万元以上(含1万元)~200万元以内的项目，市级采购人在申报计划后按协议供货有关规定自行在重庆市政府采购协议供货平台上采购。

列入部门集中采购目录，市级单次采购金额50万元及以上的项目，可由市级部门集中采购单位自行组织采购，或委托采购代理机构代理采购。市级部门集中采购单位是指经市财政部门批准，可以自行组织采购的部门。

政府集中采购目录以外，市级单次采购金额达到50万元及以上的货物和服务类项目、100万元及以上的工程类项目，采购人应按照《政府采购法》及其实施条例等规定，实行分散采购。属于分散采购范围的采购项目，采购人可自行采购或者委托采购代理机构代理采购。政府集中采购目录以外，采购限额标准以下的采购项目不适用《政府采购法》及其实施条例的有关规定，由采购人按照公开、公平、公正、高效廉洁的原则自行组织实施，并做好相关内控管理。采购人确定采购方式的流程见图2-1。

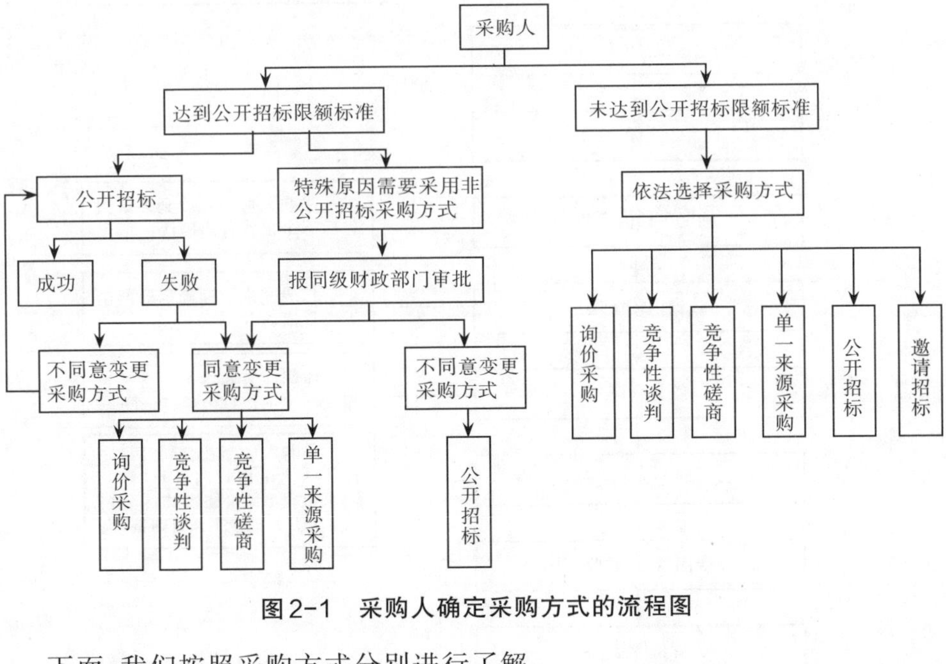

图2-1 采购人确定采购方式的流程图

下面，我们按照采购方式分别进行了解。

一、公开招标

采购人在完成前期工作后，委托代理机构采购或者自行采购，制定招标文件，在政府指定的网站发布公开招标公告，文件发出之日起到供应商提交响应文件应不少于二十日，从财政部门专家库中抽取专家，组成评标委员会开标。评标委员会对响应文件的有效性、完整性和响应程度进行审查，并根据评审标准进行综合打分，确定成交供应商。采购人公示成交结果并在没有异议后与供应商签订合同。在政府采购网站进行合同公告及备案，中标人履行合同后由采购人进行验收，验收合格后采购人支付资金。公开招标流程见图2–2。

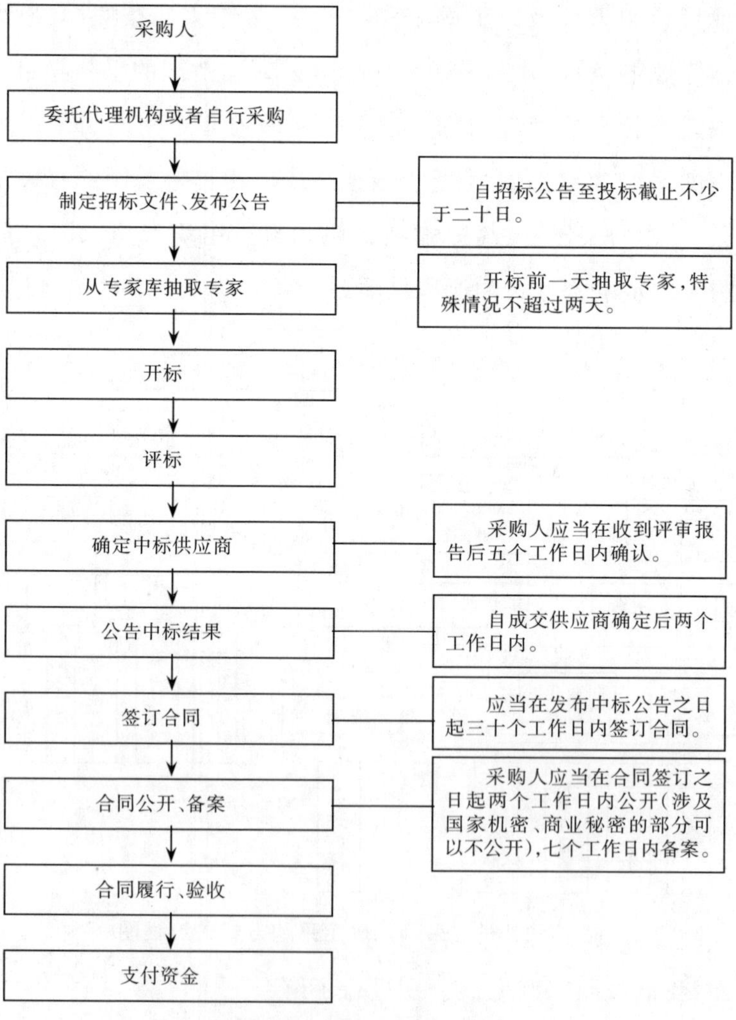

图2–2　公开招标流程图

二、邀请招标

邀请招标这种形式，目前在政府采购的实际操作过程中使用较少。采购人首先需要选择邀请方式，邀请方式可以先发布资格预审公告或者从财政部门的供应商库中选取或者采购人书面推荐。确定了符合资格的供应商后，随机邀请不少于三家供应商，向他们发出邀请招标的文件。通过评标，确定中标供应商，公布招标结果。中标供应商履行合同后由采购人进行验收，验收合格后采购人支付资金。邀请招标流程见图2-3。

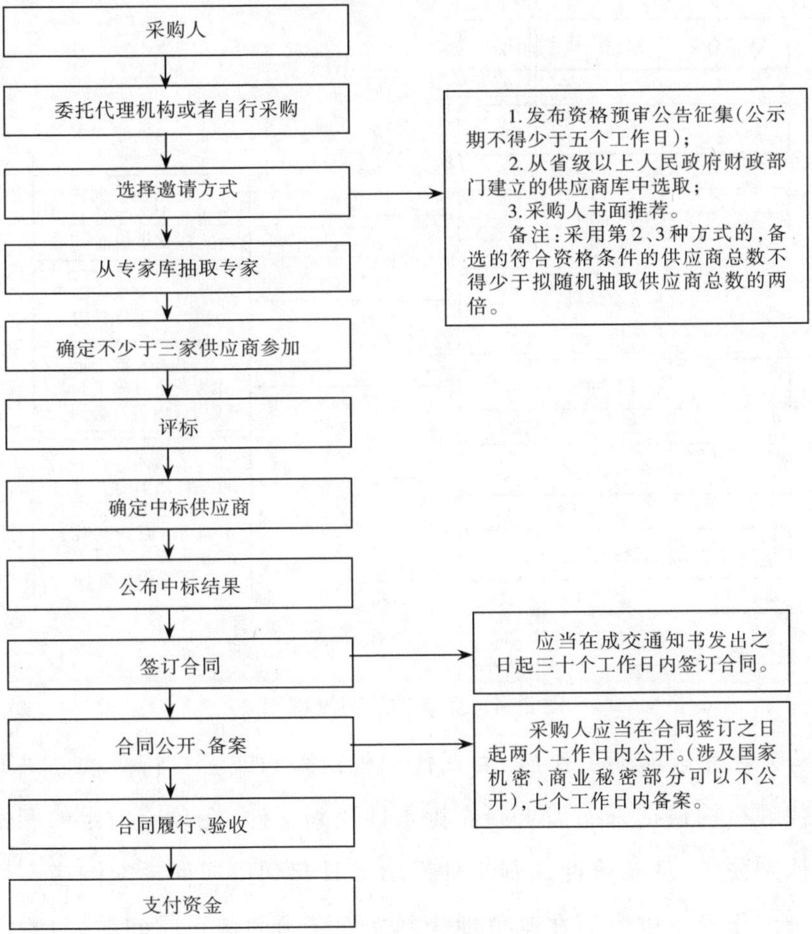

图2-3　邀请招标流程图

三、竞争性谈判

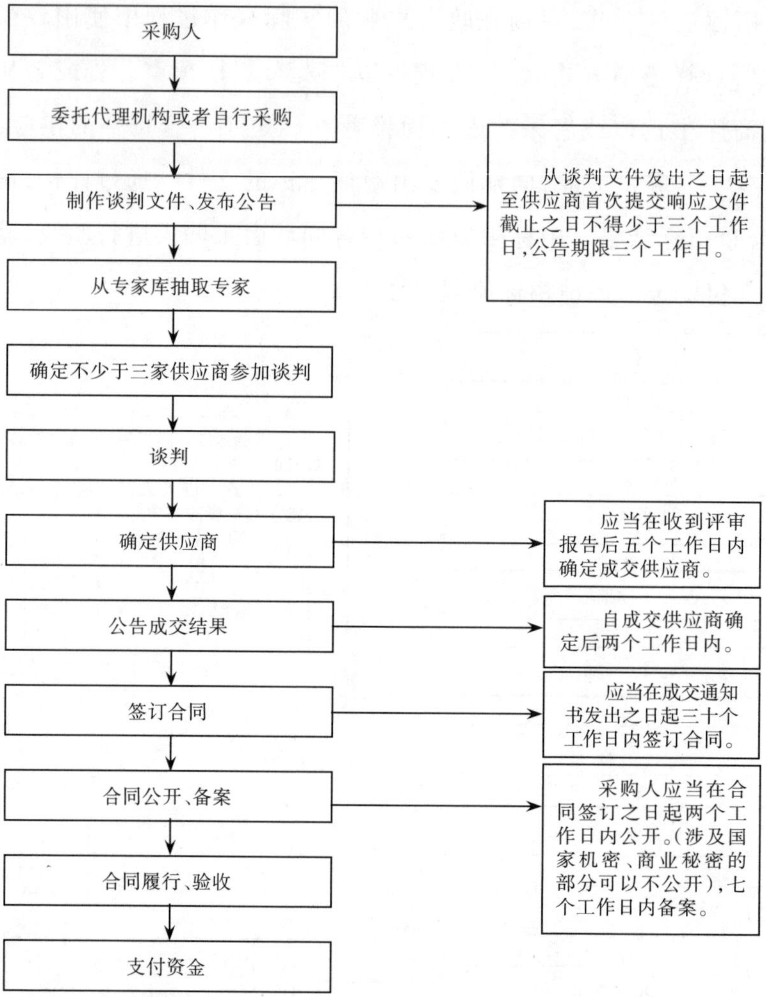

图2-4　竞争性谈判流程图

采购人在完成前期工作后，委托代理机构采购或者自行采购。采购人或者采购代理机构根据采购需求制作竞争性谈判文件，在政府指定的网站发布竞争性谈判公告，从竞争性谈判文件发出之日起到供应商提交响应文件应不少于三个工作日。供应商在竞争性谈判文件要求的截止时间前，将响应文件密封送达指定地点。采购人从财政部门专家库中抽取专家，组成谈判小组进行谈判，谈判小组对响应文件的有效性、完整性和响应程度进行审查。通过一轮或多轮谈判后，从质量和服务均能满足采购文件实质性响应要求的供应商中，按照报价由低到高的顺序提出三名以上成交候选人，并编写评审报告。采购人在收到评审报告后五个工作日内，从评审报告中确定成交供应商，公示成交结果并在没有异议后与供应商签订合同。采购人在政府采购网站进行合同公告及备案，中标人履行合同后由采购人进行验收，验收合格后支付资金。竞争性谈判流程见图2-4。

四、单一来源采购

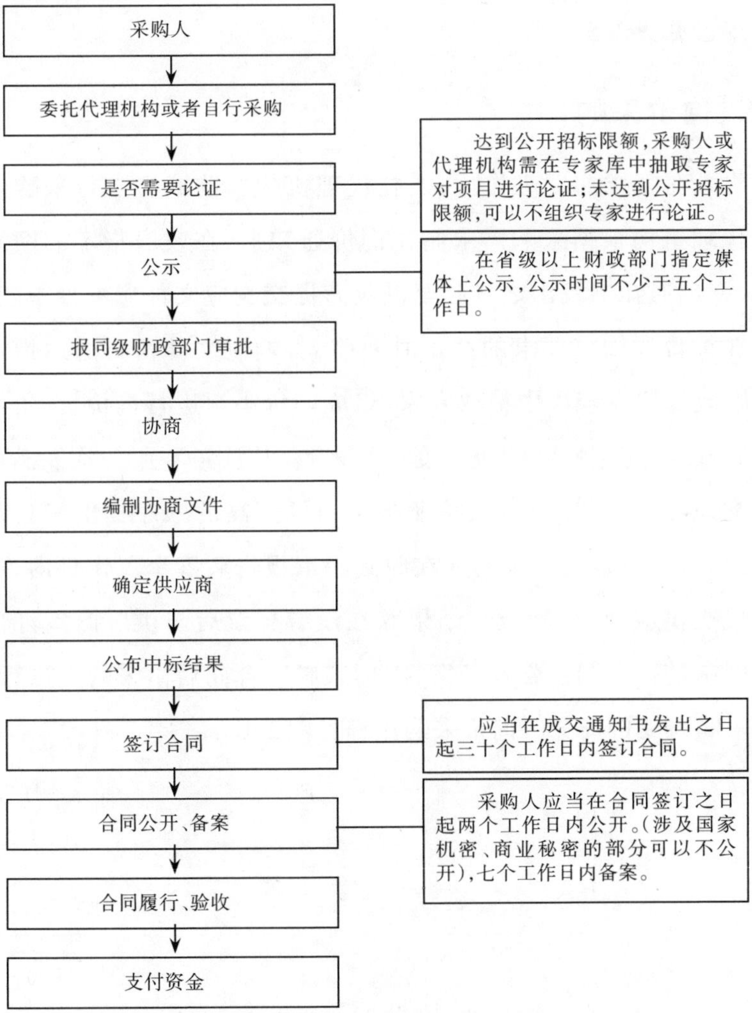

图2-5　单一来源采购流程图

采购人在完成前期工作，确定采用单一来源采购后委托代理机构或自行采购。采购人或代理机构在财政部门专家库抽取专家参加论证，如果没有达到公开招标限额标准，可以不组织专家进行论证。采购人或代理机构在省级以上财政部门指定媒体上公示，公示期不得少于五个工作日。若公示无异议，报同级财政部门审批，经审批后，采购人或代理机构编制单一来源采购文件，抽取专家对单一来源采购项目进行协商，编制协商报告，公示成交结果并在没有异议后与供应商签订合同。采购人在政府采购网站进行合同公告及备案，中标人履行合同后由采购人进行验收，验收合格后采购人支付资金。单一来源采购流程见图2-5 。

五、询价采购

采购人在完成前期工作后，委托代理机构采购或者自行采购。采购人或者采购代理机构根据采购需求制作询价通知书，在政府指定的网站发布询价公告，从询价通知书发出之日起至供应商提交响应文件应不少于三个工作日，供应商在询价通知书要求的截止时间前，将响应文件密封送达指定地点。采购人从财政部门专家库中抽取专家，组成询价小组进行询价，询价小组对响应文件的有效性、完整性和响应程度进行审查；从质量和服务均能满足采购文件实质性响应要求的供应商中，按照报价由低到高的顺序提出三名以上成交候选人，并编写评审报告。采购人在收到评审报告后五个工作日内，从评审报告中确定成交供应商，公示成交结果并在没有异议后与供应商签订合同。在政府采购网站进行合同公告及备案，中标人履行合同后由采购人进行验收，验收合格后采购人支付资金。询价采购流程见图2-6。

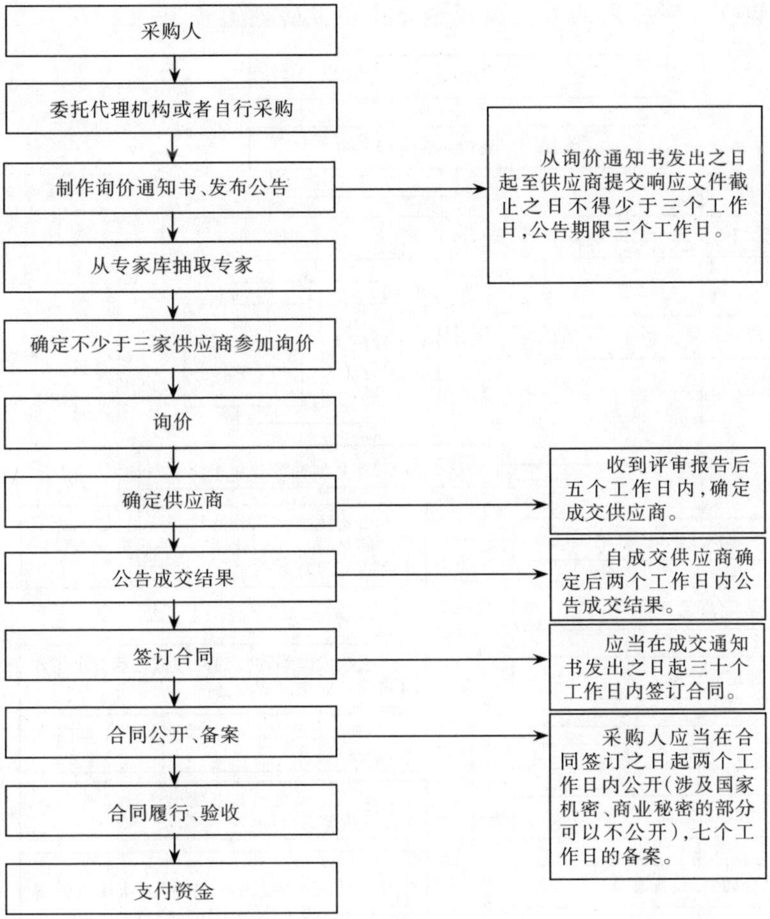

图2-6　询价采购流程图

六、竞争性磋商

采购人在完成前期工作后,委托代理机构采购或者自行采购,制定磋商文件,在政府指定的网站发布磋商公告,从文件发出之日起至供应商提交首次响应文件截止之日止不得少于十个工作日,从财政部门专家库中抽取专家,组成磋商小组进行磋商。磋商小组对响应文件的有效性、完整性和响应程度进行审查,进行一轮或多轮的磋商,最后根据磋商结果和评分标准进行综合打分,确定成交供应商。采购人公示成交结果并在没有异议后与供应商签订合同。采购人在政府采购网站进行合同公告及备案,中标人履行合同后由采购人进行验收，验收合格后采购人支付资金。竞争性磋商流程见图2-7。

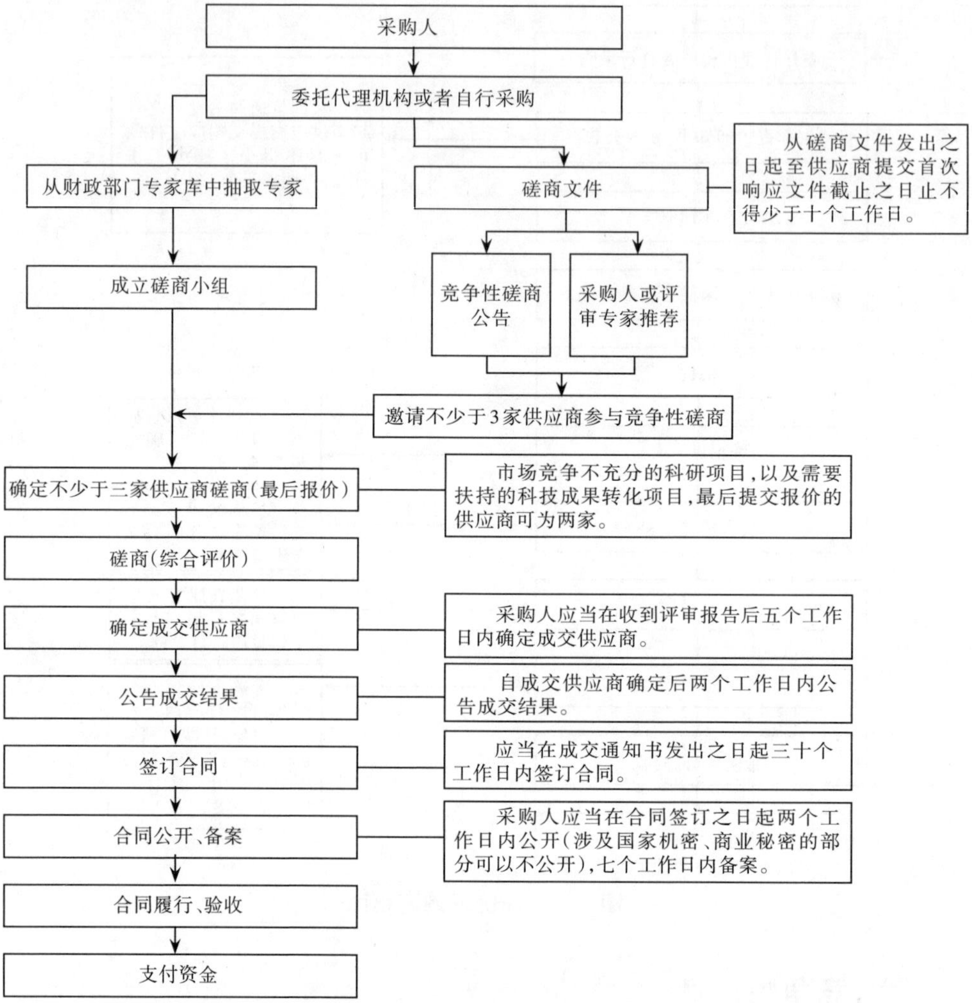

图2-7　竞争性磋商流程图

第二节　代理机构的工作流程

代理机构根据招标人提供的资料，包括采购需求、技术参数、商务要求、评分标准等编制招标文件，发布招标公告，如有需要发布补遗文件，到开标日收取投标文件。代理机构组织开标并主持评标工作，根据评标委员会的意见形成专家评审结果，随后在政府指定媒体上发布中标公告，发放中标通知书。待招标人与采购人签订合同后，代理机构进行合同鉴证。代理机构流程如图2-8。

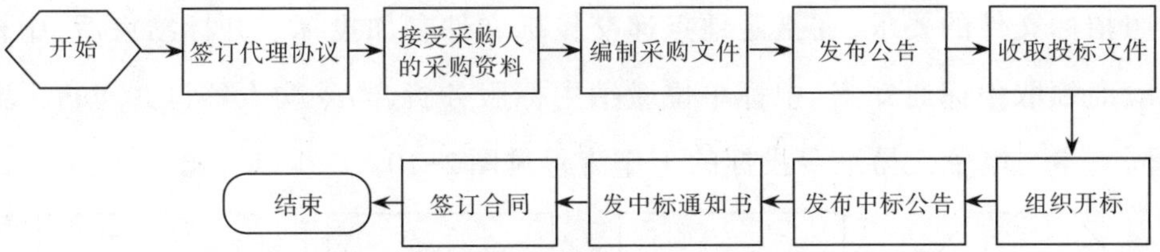

图 2-8 代理机构的工作流程图

第三节 投标人的工作流程

在了解了采购人、代理机构的采购流程后，我们再来了解一下投标人参加政府采购的流程。

投标人在相关媒体获取采购信息，报名购买招标文件。根据招标要求编制投标文件，递交保证金与投标文件。在规定时间、地点参与开标后，中标人缴纳中标服务费，领取中标通知书，最后与采购人签订并履行合同。投标人的工作流程见图2-9。

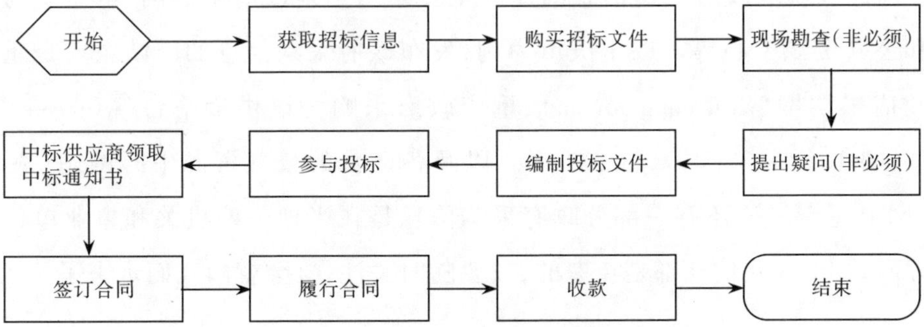

图2-9 投标人的工作流程图

如果投标人在电子交易平台参加政府采购项目，以“行采家(重庆行政事业单位自主采购提供专业服务的第三方平台)”为例，首先需要在重庆市电子交易平台注册。注册后可以查看和寻找各种采购信息，在此基础上编制投标文件，缴纳投标保证金（如果需要）。投标开始后，如果采购方式是电子询价，投标人需按照采购人的要求上传投标文件；如果采购方式不是电子询价，则需按照招标文件的要求，在指定地点递交投标文件参加投标。开标结束后，中标供应商领取中标通知书，中标单位缴纳中标服务费，与采购人签订并履行采购合同。参与电子交易平台投标的工作流程见图2-10。

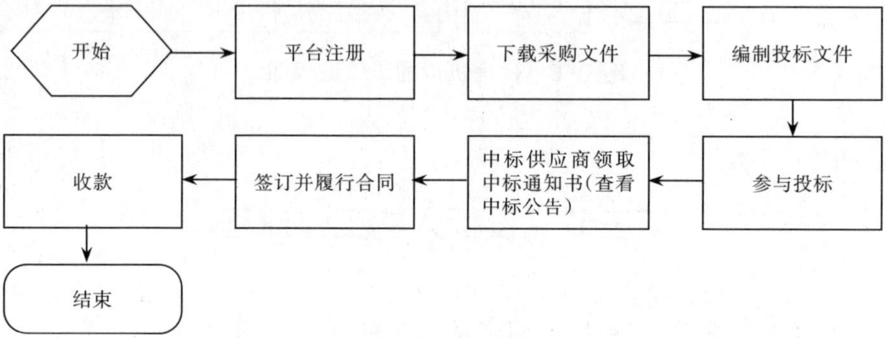

图2-10 电子交易平台投标的工作流程图

第四节 获取政府采购信息的途径

投标人获取政府采购信息的途径主要是从当地政府采购网、电子交易平台和公共资源中心等。以重庆市为例，发布政府采购信息的网站主要是重庆市政府采购网（www.cqgp.gov.cn）、重庆政府采购协议供货平台（www.gec123.com/xygh）、行采家（www.gec123.com）以及各区县的公共资源中心网站（表2-2）、网上超市等。还有一部分政府采购信息是在当地一些机关和事业单位的官方网站上，这些信息都是免费的，只要随时关注，机会就向我们走来了。

表 2-2　重庆市部分区县公共资源中心网址

渝中区	https://www.cqggzy.com/yuzhongweb
渝北区	https://www.cqggzy.com/yubeiweb
江北区	http://ggzyjy.cqjb.gov.cn/lbv3/index.aspx
大渡口区	https://www.cqggzy.com/dadukouweb
沙坪坝区	https://www.cqggzy.com/shapingbaweb
九龙坡区	https://www.cqggzy.com/jiulongpoweb
南岸区	http://ggzyjy.cqna.gov.cn/index!index.action
万州区	https://www.cqggzy.com/wanzhouweb
黔江区	https://www.cqggzy.com/qianjiangweb
涪陵区	https://www.cqggzy.com/fulingweb
北碚区	https://www.cqggzy.com/beibeiweb
巴南区	http://www.cqbnggzyjy.com/LBv3/index.aspx
长寿区	https://www.cqggzy.com/changshouweb
永川区	https://www.cqggzy.com/yongchuanweb
江津区	https://www.cqggzy.com/jiangjinweb
铜梁区	https://www.cqggzy.com/tongliangweb
綦江区	http://qjjyzx.cqqj.gov.cn/index
大足区	https://www.cqggzy.com/dazuweb
璧山区	https://www.cqggzy.com/bishanweb
潼南区	http://www.cqtn.gov.cn/www/tnjyzx

注:截止2020年5月。

投标人应根据各级各类市场的情况及时加入供应商库,具体加入条件,见下表2-3。

表2-3　供应商进入各级各类市场的条件

市场维度	采购方式分类	资格条件	具体条件
市级市场	一般性采购（公开招标、邀请招标等）	一般资格条件	1.参加报价的供应商必须注册成为平台有效供应商； 2.具有独立承担民事责任的能力； 3.具有良好的商业信誉和健全的财务会计制度； 4.具有履行合同所必需的设备和专业技术能力； 5.有依法缴纳税收和社会保障资金的良好记录； 6.参加政府采购活动前三年内，在经营活动中没有重大违法记录； 7.法律、行政法规规定的其他条件
		特定资格条件	采购人可以根据采购项目的特殊要求，规定供应商的特定条件。比如：投标人具有危险化学品经营许可证
	协议采购	一般资格条件	主要是招标协议目录品牌厂家，供应商由入围厂家指定旗下代理商： 1.交易中心在政府采购网上发布招标公告； 2.有意向的厂家准备投标文件（包含推荐供应商的情况）并进行投标； 3.交易中心组织评标和开标，确定入围的协议目录品牌； 4.平台代理机构按照招标结果给入围供应商配置权限
市级市场	询价采购	一般资格条件	1.参加报价的供应商必须注册成为平台有效供应商； 2.具有独立承担民事责任的能力； 3.具有良好的商业信誉和健全的财务会计制度； 4.具有履行合同所必需的设备和专业技术能力； 5.有依法缴纳税收和社会保障资金的良好记录
	网上超市	货物类（一般资格条件）	1.具有独立承担民事责任的能力； 2.具有良好的商业信誉和健全的财务会计制度； 3.具有履行合同所必需的设备和专业技术能力； 4.有依法缴纳税收和社会保障资金的良好记录； 5.参加政府采购活动前三年内，在经营活动中没有重大违法记录； 6.法律、行政法规规定的其他条件

续表

<table>
<tr><th>市场维度</th><th>采购方式分类</th><th>资格条件</th><th>具体条件</th></tr>
<tr><td rowspan="5"></td><td rowspan="4"></td><td>货物类(特定资格条件)</td><td>参与货物类商品目录征集的企业应当为小型或微型企业</td></tr>
<tr><td>服务类(一般资格条件)</td><td>1. 用户已依照中华人民共和国法律注册并领取合法有效的营业执照及其他经营许可;
2. 用户同意平台的供应商入驻协议及平台相关规则;
3. 用户已达到入驻行业的入驻标准</td></tr>
<tr><td>服务类(特定资格条件)</td><td>1. 供应商须根据平台相关规则及要求向平台提交证明文件或其他相关证明,包括但不限于法人代表身份证明(含身份证复印件)、企业营业执照、正规作品授权书等原件的彩色复印件。如果存在伪造证件、客户情况等行为,平台保留关闭供应商所有服务的权利;
2. 供应商保证向平台提供的上述证明文件或其他相关证明真实、合法、准确、有效,并保证上述证明文件或其他相关证明发生任何变更或更新时,及时通知平台。若上述文件变更或更新导致供应商不符合平台所规定入驻条件的,平台有权单方全部或部分限制供应商经营,直至终止本协议;
3. 供应商对其提交的证明文件或其他相应证明的真实性、合法性、准确性、有效性承担全部法律责任,若因供应商提交虚假、过期文件或未及时更新证明文件或通知导致纠纷或被相关国家机关处罚的,由供应商独立承担全部法律责任,如因此造成平台(包括平台合作方、代理人或职员)损失的,供应商应予以赔偿</td></tr>
<tr><td>自主采购</td><td>一般资格条件</td><td>1. 参加报价的供应商必须注册成为平台正式供应商;
2. 具有独立承担民事责任的能力;
3. 具有良好的商业信誉和健全的财务会计制度;
4. 具有履行合同所必需的设备和专业技术能力;
5. 有依法缴纳税收和社会保障资金的良好记录</td></tr>
</table>

续表

市场维度	采购方式分类	资格条件	具体条件
区县市场	一般性采购（公开招标、邀请招标等）	一般资格条件	1. 参加报价的供应商必须在注册成为平台的有效供应商； 2. 具有独立承担民事责任的能力； 3. 具有良好的商业信誉和健全的财务会计制度； 4. 具有履行合同所必需的设备和专业技术能力； 5. 有依法缴纳税收和社会保障资金的良好记录； 6. 参加政府采购活动前三年内，在经营活动中没有重大违法记录； 7. 法律、行政法规规定的其他条件
		特定资格条件	采购人可以根据采购项目的特殊要求，规定供应商的特定条件。比如：投标人具有危险化学品经营许可证
区县市场	协议采购	一般资格条件（方式1）	直接引用市级平台供应商： 1. 发布通知请市级供应商去相应的区县备案； 2. 地方财政部门审核备案材料，通过后将入围供应商名单提交平台代理机构； 3. 平台代理机构按照地方财政部门要求提交文件给入围供应商配置权限
		一般资格条件（方式2）	区县财政通过招标方式，确定入围供应商： 1. 区县公共资源交易中心发布招标需求； 2. 意向供应商参与投标； 3. 开标确定入围供应商； 4. 平台代理机构按照招标结果给入围供应商配置权限
	询价采购	一般资格条件	1. 参加报价的供应商必须注册成为平台有效供应商； 2. 具有独立承担民事责任的能力； 3. 具有良好的商业信誉和健全的财务会计制度； 4. 具有履行合同所必需的设备和专业技术能力； 5. 有依法缴纳税收和社会保障资金的良好记录

续表

市场维度	采购方式分类	资格条件	具体条件
	网上超市	货物类(一般资格条件)	1.具有独立承担民事责任的能力; 2.具有良好的商业信誉和健全的财务会计制度; 3.具有履行合同所必需的设备和专业技术能力; 4.有依法缴纳税收和社会保障资金的良好记录; 5.参加政府采购活动前三年内,在经营活动中没有重大违法记录; 6.法律、行政法规规定的其他条件
		货物类(特定资格条件)	参与货物类商品目录征集的企业应当为小型或微型企业
		服务类(一般资格条件)	1.用户已依照中华人民共和国法律注册并领取合法有效的营业执照及其他经营许可; 2.用户同意平台的供应商入驻协议及本平台相关规则; 3.用户已达到入驻行业的入驻标准
	网上超市	服务类(特定资格条件)	1.供应商须根据平台相关规则及要求向平台提交证明文件或其他相关证明,包括但不限于法人代表身份证明(含身份证复印件)、企业营业执照、正规作品授权书等原件的彩色复印件,如果存在伪造证件、客户情况等行为,平台保留关闭供应商所有服务的权利; 2.供应商保证向平台提供的上述证明文件或其他相关证明真实、合法、准确、有效,并保证上述证明文件或其他相关证明发生任何变更或更新时,及时通知平台。若上述文件变更或更新导致供应商不符合平台所规定入驻条件的,平台有权单方全部或部分限制供应商经营,直至终止本协议; 3.供应商对其提交的证明文件或其他相应证明的真实性、合法性、准确性、有效性承担全部法律责任,若因供应商提交虚假、过期文件或未及时更新证明文件或通知导致纠纷或被相关国家机关处罚的,由供应商独立承担全部法律责任,如因此造成平台(包括平台合作方、代理人或职员)损失的,供应商应予以赔偿

续表

市场维度	采购方式分类	资格条件	具体条件
区县市场	自主采购	一般资格条件	1. 参加报价的供应商必须注册成为平台正式供应商； 2. 具有独立承担民事责任的能力； 3. 具有良好的商业信誉和健全的财务会计制度； 4. 具有履行合同所必需的设备和专业技术能力； 5. 有依法缴纳税收和社会保障资金的良好记录

第三章 读懂招标文件

根据《政府采购法》规定，采购是指以合同方式有偿取得货物、工程和服务的行为，包括购买、租赁、委托、雇用等。《政府采购法》规定政府采购合同适用《中华人民共和国合同法》(以下简称《合同法》)。而《合同法》规定当事人订立合同，采取要约、承诺方式。因此，政府采购活动中的招标文件，一般是采购人或者采购代理机构针对某一采购项目编制的包含要约邀请等内容的书面法律文件。要约是希望和他人订立合同的意思表示，承诺是受要约人同意要约的意思表示。招标文件以公开或者邀请的方式，向潜在投标人发出并明确告知采购项目所需要的资格、技术、商务及价格要求，招标投标活动的具体规则、合同条款等相关细节信息。本章内容将介绍招标文件的基本含义、基本格式和关键点等内容，让参与招标投标活动的各方都能读懂招标文件，更好地了解政府采购的相关要求，更有效地参加招标投标活动。

第一节　招标文件简介

招标文件是政府采购项目招标投标活动开展的主要依据，对各方当事人均具有法律约束力。由于不同政府采购方式有不同的要求，招标文件也有不同的体现形式。《政府采购法》在第二十六条明确规定了政府采购采用以下方式：(一)公开招标；(二)邀请招标；(三)竞争性谈判；(四)单一来源采购；(五)询价；(六)国务院政府采购监督管理部门认定的其他采购方式。后来又增加了竞争性磋商采购方式，公开招标应作为政府采购的主要采购方式。与以上招标形式对应，招标文件也可以指竞争性谈判文件、单一来源协商文件、询价通知书、竞争性磋商文件等。因此，招标文件既泛指政府采购所涉及的各种采购方式中的招标文件、谈判文件、磋商文件、询价文件等，也特指公开招标方式下的招标文件。其具体含义可联系相关上下文理解其真实意义。相应地，投标人参加招标活动，按招标要求提供的材料，可称为投标文件、响应文件等。招标文件为要约邀请，投标文件或者响应文件为要约。《中华人民共和国政府采购法实施条例》(以下简称《政府采购法实施条例》)第三十条提到,采购人或者采购代理机构应当在招标文件、谈判文件、询价通知书中公开采购项目预算金额。

一、招标文件

招标文件一般由采购人或者招标代理机构制作。在制作招标文件时,相关的采购法律法规对于招标文件的内容,采购人或者招标代理机构如何开展招标工作,投标人如何响应招标文件等都有明确的规定。

《政府采购法实施条例》规定:采购人、采购代理机构应当根据政府采购政策、采购预算、采购需求编制采购文件。采购需求应当符合法律法规以及政府采购政策规定的技术、服务、安全等要求。采购人或者采购代理机构应当按照国务院财政部门制定的招标文件标准文本编制招标文件。招标文件应当包括采购项目的商务条件、采购需求、投标人的资格条件、投标报价要求、评标方法、评标标准以及拟签订的合同文本等。

《政府采购货物和服务招标投标管理办法》(财政部令第18号)中规定:采购人自行组织开展招标活动的,应当具备编制招标文件、组织招标的能力和条件;有与采购项目专业性相适应的专业人员。

采购人或者采购代理机构应当根据采购项目的特点和采购需求编制招标文件。招标文件应当包括:(一)投标邀请;(二)投标人须知(包括投标文件的密封、签署、盖章要求等);(三)投标人应当提交的资格、资信证明文件;(四)为落实政府采购政策,采购标的需满足的要求,以及投标人需要提供的证明材料;(五)投标文件编制要求、投标报价要求和投标保证金交纳、退还方式以及不予退还投标保证金的情形;(六)采购项目预算金额,设定最高限价的,还应当公开最高限价;(七)采购项目的技术规格、数量、服务标准、验收等要求,包括附件、图纸等;(八)拟签订的合同文本;(九)货物、服务提供的时间、地点、方式;(十)采购资金的支付方式、时间、条件;(十一)评标方法、评标标准和投标无效情形;(十二)投标有效期;(十三)投标截止时间、开标时间及地点;(十四)

采购代理机构代理费用的收取标准和方式;(十五)投标人信用信息查询渠道及截止时点、信用信息查询记录和证据留存的具体方式、信用信息的使用规则等;(十六)省级以上财政部门规定的其他事项。对于不允许偏离的实质性要求和条件,采购人或者采购代理机构应当在招标文件中规定,并以醒目的方式标明。采购人或者采购代理机构应当按照招标公告、资格预审公告或者投标邀请书规定的时间、地点提供招标文件或者资格预审文件,提供期限自招标公告、资格预审公告发布之日起计算不得少于五个工作日。提供期限届满后,获取招标文件或者资格预审文件的潜在投标人不足三家的,可以顺延提供期限,并予公告。公开招标进行资格预审的,招标公告和资格预审公告可以合并发布,招标文件应当向所有通过资格预审的供应商提供。投标人应当按照招标文件的要求编制投标文件。投标文件应当对招标文件提出的要求和条件做出明确响应。

一般地,招标文件属于采购文件的一部分。《政府采购法》规定:采购人、采购代理机构对政府采购项目中每项采购活动的采购文件应当妥善保存,不得伪造、变造、隐匿或者销毁。采购文件的保存期限为从采购结束之日起至少保存十五年。采购文件包括采购活动记录、采购预算、招标文件、投标文件、评标标准、评估报告、定标文件、合同文本、验收证明、质疑答复、投诉处理决定及其他有关文件、资料。采购活动记录至少应当包括的内容:(一)采购项目类别、名称;(二)采购项目预算、资金构成和合同价格;(三)采购方式,采用公开招标以外的采购方式的,应当载明原因;(四)邀请和选择供应商的条件及原因;(五)评标标准及确定中标人的原因;(六)废标的原因;(七)采用招标以外采购方式的相应记载。

《政府采购非招标采购方式管理办法》(财政部令第74号)也规定了采购人、采购代理机构应当妥善保管每项采购活动的采购文件。采购文件包括采购活动记录、采购预算、谈判文件、询价通知书、响应文件、推荐供应商的意见、评审报告、成交供应商确定文件、单一来源采购协商情况记录、合同文本、验收证明、质疑答复、投诉处理决定以及其他有关文件、资料。采购文件可以以电子档案方式保存。采购活动记录至少应当包括的内容:(一)采购项目类别、名称;(二)采购项目预算、资金构成和合同价格;(三)采购方式,采用该方式的原因及相关说明材料;(四)选择参加采购活动的供应商的方式及原因;(五)评定成交的标准及确定成交供应商的原因;(六)终止采购活动的,记录终止的原因。

二、竞争性谈判文件、询价通知书

竞争性谈判文件、询价通知书应当根据采购项目的特点和采购人的实际需求制定,并经采购人书面同意。采购人应当以满足实际需求为原则,不得擅自提高经费预算和资产配置等采购标准。竞争性谈判文件、询价通知书不得要求或者标明供应商名称或者特定货物的品牌,不得含有指向特定供应商的技术、服务等条件。竞争性谈判文件、询价通知书应当包括供应商资格条件、采购邀请、采购方式、采购预算、采购需求、采购程序、价格构成或者报价要求、响应文件编制要求、提交响应文件截止时间及地点、保证金交纳数额和形式、评定成交的标准等。竞争性谈判文件应当明确谈判小组根据与供应商的谈判情况可能实质性变动的内容,包括采购需求中的技术、服务要求以及合同草案条款。供应商应当按照谈判文件、询价通知书的要求编制响应文件,并对其提交的响应文件的真实性、合法性承担法律责任。

三、单一来源协商文件

《重庆市单一来源采购申报及审批管理规定》中对于采用单一来源采购方式采购的规定为:采购人、采购代理机构应当编制单一来源协商文件,明确项目具体要求。单一来源采购小组应当对供应商提交的响应文件进行资格性、符合性审查,确保供应商符合《政府采购法》第二十二条第一款及《政府采购法实施条例》第十七条规定的资格条件,以及单一来源协商文件规定的其他要求。

四、竞争性磋商文件

《政府采购竞争性磋商采购方式管理暂行办法》(财库〔2014〕214号)中规定,竞争性磋商文件(或者简称磋商文件)采用公告方式邀请供应商的,采购人、采购代理机构应当在省级以上人民政府财政部门指定的政府采购信息发布媒体发布竞争性磋商公告。竞争性磋商公告应当包括:(一)采购人、采购代理机构的名称、地点和联系方法;(二)采购项目的名称、数量、简要规格描述或项目基本概况介绍;(三)采购项目的预算;(四)供应商资格条件;(五)获取磋商文件的时间、地点、方式及磋商文件售价;(六)响应文件提交的截止时间、开启时间及地点;(七)采购项目联系人姓名和电话。磋商文件应当根据采购项目的特点和采购人的实际需求制定,并经采购人书面同意。采购人应当以满足实际需求为原则,不得擅自提高经费预算和资产配置等采购标准。磋商文件不得要求或者标明供应商名称或者特定货物的品牌,不得含有指向特定供应商的技术、服务等条件。磋商文件应当包括供应商资格条件、采购邀请、采购方式、采购预算、采购需求、政府采购政策要求、评审程序、评审方法、评审标准、价格构成或者报价要求、响应文件编制要求、保证金交纳数额和形式以及不予退还保证金的情形、磋商过程中可能实质性变动的内容、响应文件提交的截止时间和开启时间、地点以及合同草案条款等。供应商应当按照磋商文件的要求编制响应文件,并对其提交的响应文件的真实性、合法性承担法律责任。

第二节　招标文件的基本格式

《政府采购法实施条例》规定:采购人或者采购代理机构应当按照国务院财政部门制定的招标文件标准文本编制招标文件。本部分内容将以重庆市政府采购要求的标准文本为例进行介绍。

一、招标文件

这里的招标文件特指采用招标方式的政府采购项目中的采购文件。《重庆市财政局关于印发〈重庆市政府采购货物类招标文件标准文本〉的通知(渝财采购〔2017〕35号)》规定:政府采购货物类项目采用招标方式的,应当按照新修订的《重庆市政府采购货物类招标文件标准文本》(以下简称《标准文本》)要求编制具体招标文件。招标文件的标准文本格式包含内容如下:

第一篇　投标邀请书

一、招标项目内容

二、资金来源

三、投标人资格要求

四、投标、开标有关说明

五、投标保证金

六、采购项目需落实的政府采购政策

七、投标有关规定

八、联系方式

第二篇　项目技术规格、数量及质量要求

一、招标项目一览表

二、招标项目技术需求

第三篇　项目商务要求

一、交货期(或:实施时间)、交货地点(或:实施地点)及验收方式

二、报价要求

三、质量保证及售后服务

四、付款方式

五、知识产权

六、附件、图纸及包装要求

七、其他商务要求内容

第四篇　资格审查及评标办法

一、资格审查

二、评标办法

三、评标标准

四、无效投标条款

五、废标条款

第五篇　投标人须知

一、投标人

二、招标文件

三、投标文件

四、开标

五、评标

六、定标

七、中标通知书

八、询问、质疑和投诉

九、采购代理服务费

十、交易服务费

十一、签订合同

十二、政府采购信用融资

第六篇　合同主要条款和格式合同(样本)

一、合同主要条款

二、政府采购合同(格式)

第七篇　投标文件格式

一、经济文件

二、技术文件

三、商务文件

四、其他

五、资格文件(单独装订)

二、竞争性谈判文件

重庆市财政局关于印发《重庆市政府采购非招标方式(竞争性谈判—货物类)采购文件标准文本》的通知(渝财采购〔2014〕28号)对于重庆市竞争性谈判文件的内容目录格式规定如下:

第一篇　竞争性谈判邀请书

一、竞争性谈判内容

二、资金来源

三、谈判资格

四、谈判有关说明

五、保证金

六、其他有关规定

七、联系方式

第二篇　供应商须知

一、谈判费用

二、竞争性谈判文件

三、谈判要求

四、谈判程序

五、评审依据

六、成交原则

七、成交通知

八、关于质疑和投诉

九、签订合同

第三篇　谈判项目技术需求

一、分包情况

二、设备(需求)技术规格、数量及质量要求

第四篇　谈判项目服务需求

一、交货时间、地点及验收方式

二、质量保证及售后服务

三、付款方式

四、知识产权

五、培训

六、其他

第五篇　合同草案条款

第六篇　响应文件格式要求

一、经济部分

二、技术部分

三、服务部分

四、资格条件及其他

三、竞争性磋商文件

重庆市财政局根据财政部制定的《政府采购竞争性磋商采购方式管理暂行办法》,拟定了《重庆市政府采购竞争性磋商文件标准文本(试行)》(以下简称《标准文本》),要求政府采购项目(PPP项目除外)采用竞争性磋商方式的,可参照《标准文本》要求编制具体竞争性磋商文件,其内容目录格式如下:

第一篇　采购邀请书

一、竞争性磋商内容

二、资金来源

三、供应商资格条件

四、磋商有关说明

五、磋商保证金

六、其他有关规定

七、联系方式

第二篇　采购服务需求

一、项目基本概况介绍

二、服务及质量要求

第三篇　采购商务需求

一、服务期、地点及验收方式

二、报价要求

三、质量保证及售后服务

四、付款方式

五、知识产权

六、其他

第四篇　磋商程序及方法、评审标准、无效响应和采购终止

一、磋商程序及方法

二、评审标准

三、无效响应

四、采购终止

第五篇　供应商须知

一、磋商费用

二、竞争性磋商文件

三、磋商要求

四、成交供应商的确认和变更

五、成交通知

六、关于质疑和投诉

七、采购代理服务费

八、交易服务费

九、签订合同

十、政府采购信用融资

第六篇　合同草案条款

第七篇　响应文件编制要求

一、经济部分

二、服务部分

三、商务部分

四、资格条件及其他

五、其他应提供的资料

第三节　招标文件的关键点

从投标人参与招标活动的有效性来看，招标文件中采购人提出的技术和商务要求无疑是最核心的内容；而其他方面，招标文件中对于该采购项目所具体指定的采购方式、资格要求、样品要求、进口产品要求、小微企业要求、付款方式、最高限价、工期要求、投标保证金要求、履约保证金要求等，甚至对于投标文件或者响应文件的数量要求、封装要求、排版格式要求等方面的内容也是极其重要的，稍不注意就会出现投标无效或者影响自己的竞争性，导致投标失败。

一、采购方式

政府采购方式不同，商务、技术、价格就会因为不同的评标方法，其所占权重也有很大的区别，最终会直接影响投标人的投标结果。投标人必须高度重视所投标项目的政府采购方式。采购方式一般都在招标文件第一篇明确写出。

如前所述，《政府采购法》规定了几种具体的政府采购方式，《政府采购法实施条例》规定政府采购招标评标方法分为最低评标价法和综合评分法。最低评标价法，是指投标文件满足招标文件全部实质性要求且投标报价最低的供应商为中标候选人的评标方法。综合评分法，是指投标文件满足招标文件全部实质性要求且按照评审因素的量化指标评审得分最高的供应商为中标候选人的评标方法。技术、服务等标准统一的货物和服务项目，应当采用最低评标价法。采用综合评分法的，评审标准中的分值设置应当与评审因素的量化指标相对应。招标文件中没有规定的评标标准不得作为评审的依据。

《政府采购货物和服务招标投标管理办法》规定：货物和服务招标分为公开招标和邀请招标。评标方法分为最低评标价法和综合评分法。技术、服务等标准统一的货物和服务项目，应当采用最低评标价法。采用最低评标价法评标时，除了算术修正和落实政府采购政策需进行的价格扣除外，不能对投标人的投标价格进行任何调整。评审因素的设定应当与投标人所提供货物、服务的质量相关，包括投标报价、技术或者服务水平、履约能力、售后服务等。资格条件不得作为评审因素。评审因素应当在招标文件中规定。评审因素应当细化和量化，且与相应的商务条件和采购需求对应。商务条件和采购需求指标有区间规定的，评审因素应当量化到相应区间，并设置各区间对应的不同分值。评标时，评标委员会各成员应当独立对每个投标人的投标文件进行评价，并汇总每个投标人的得分。货物项目的价格分值占总分值的比重不得低于30%；服务项目的价格分值占总分值的比重不得低于10%。执行国家统一定价标准和采用固定价格采购的项目，其价格不列为评审因素。价格分应当采用低价优先法计算，即满足招标文件要求且投标价格最低的投标报价为评标基准价，其价格分为满分。其他投标人的价格分统一按照所列公式计算：投标报价得分=(评标基准价 / 投标报价)×100；评标总得分 $= F_1 \times A_1 + F_2 \times A_2 + \cdots\cdots + F_n \times A_n$；$F_1$、$F_2 \cdots\cdots F_n$ 分别为各项评审因素的得分；A_1、A_2、$\cdots\cdots A_n$ 分别为各项评审因素所占的权重($A_1 + A_2 + \cdots\cdots + A_n = 1$)。评标过程中，不得去掉报价中的最高报价和最低报价。因落实政府采购政策进行价格调整的，以调整后的价格计算评标基准价和投标报价。采用最低评标价法的，评标结果按投标报价由低到高顺序排列。投标报价相同的并列。投标文件满足招标文件全部实质性要求且投标报价最低的投标人为排名第一的中标候选人。采用综合评分法的,评标结果按评审后的得分由高到低顺序排列。得分相同的,按投标报价由低到高顺序排列。得分且投标报价相同的并列。投标文件满足招标文件全部实质性要求,且按照评审因素的量化指标评审得分最高的投标人为排名第一的中标候选人。

《政府采购非招标采购方式管理办法》规定:采购人、采购代理机构采用非招标采购方式采购货物、工程和服务的,适用本办法。本办法所称非招标采购方式,是指竞争性谈判、竞争性磋商、单一来源采购和询价采购方式。

《政府采购竞争性磋商采购方式管理暂行办法》规定:本办法所称竞争性磋商采购方式,是指采购人、政府采购代理机构通过组建竞争性磋商小组(以下简称磋商小组)与符合条件的供应商就采购货物、工程和服务事宜进行磋商,供应商按照磋商文件的要求提交响应文件和报价,采购人从磋商小组评审后提出的候选供应商名单中确定成交供应商的采购方式。经磋商确定最终采购需求和提交最后报价的供应商后,由磋商小组采用综合评分法对提交最后报价的供应商的响应文件和最后报价进行综合评分。综合评分法评审标准中的分值设置应当与评审因素的量化指标相对应。磋商文件中没有规定的评审标准不得作为评审依据。评审时,磋商小组各成员应当独立对每个有效响应的文件进行评价、打分,然后汇总每个供应商每项评分因素的得分。综合评分法货物项目的价格分值占总分值的比重(即权值)为30%~60%,服务项目的价格分值占总分值的比重(即权值)为10%~30%。采购项目中含不同采购对象的,以占项目资金比例最高的采购对象确定其项目属性。符合本办法第三条第三项的规定和执行统一价格标准的项目,其价格不列为评分因素。有特殊情况需要在上述规定范围外设定价格分权重的,应当经本级人民政府财政部门审核同意。综合评分法中的价格分统一采用低价优先法计算,即满足磋商文件要求且最后报价最低的供应商的价格为磋商基准价,其价格分为满分。其他供应商的价格分统一按照所列公式计算:磋商报价得分=(磋商基准价/最后磋商报价)×价格权值×100;项目评审过程中,不得去掉最后报价中的最高报价和最低报价。

《财政部关于政府采购竞争性磋商采购方式管理暂行办法有关问题的补充通知》(财库〔2015〕124号)规定:采用竞争性磋商采购方式采购的政府购买服务项目(含政府和社会资本合作项目),在采购过程中符合要求的供应商(社会资本)只有2家的,竞争性磋商采购活动可以继续进行。采购过程中符合要求的供应商(社会资本)只有1家的,采购人(项目实施机构)或者采购代理机构应当终止竞争性磋商采购活动,发布项目终止公告并说明原因,重新开展采购活动。

《政务信息系统政府采购管理暂行办法》(财库〔2017〕210号)规定:政务信息系统采用招标方式采购的,应当采用综合评分法;采用非招标方式采购的,应当采用竞争性磋商或单一来源采购方式。除单一来源采购方式外,政务信息系统采购货物的,价格分值占总分值比重应当为30%;采购服务的,价格分值占总分值比重应当为10%。无法确定项目属于货物或服务的,由采购人按照有利于采购项目实施的原则确定项目属性。

《重庆市2019—2020年政府集中采购目录及限额标准》的通知(渝财采购〔2019〕2号)规定:市级单次采购金额达到200万元及以上的货物和服务类采购项目应当采用公开招标方式采购。区县可参照市级标准并根据本地实际情况确定公开招标数额标准。公开招标采用综合评分法的,价格分统一采用低价优先法计算。货物类项目价格分值占总分值(不含政策性加分)的比重为30%~60%,服务类项目价格分值占总分值(不含政策性加分)的比重为10%~30%。

《重庆市网上政府采购管理暂行办法的通知》(渝财采购〔2007〕28号)规定:采购组织机构按照招标文件规定的时间组织网上开标(竞争性谈判、单一来源采购或询价,下同)。网上开标后,投标供应商应当对开标结果进行网上确认,若有异议应当在规定的时间内在网上提出。采购组织机构应当按规定组建评标委员会(谈判小组或询价小组)进行网上评标(竞争性谈判、单一来源采购谈判或询价评判，下同），评标完成后，采购组织机构应当及时在网上发布拟中标（成交，下同）公告。公示期满后，政府采购当事人无异议，采购组织机构应当及时在网上发布中标公告，并向中标供应商发出中标通知书。中标供应商根据招标文件的要求和供应商投标文件的承诺与采购人网上签订采购合同，同时生成纸质合同。采购组织机构应当将网上开标记录和网上评标报告打印成纸质文件，经采购组织人员、采购监督人员和评标委员会成员签字确认后存档。参加网上政府采购活动的政府采购当事人，应当持有电子签名认证证书。政府采购当事人所做的网上政府采购操作具有法律效力，必须对所做的操作承担法律责任，其电子签名认证证书不得租借或转让。网上政府采购采用询价方式的，若询价文件中已经确定成交规则，经同级财政部门同意，可以不组建询价小组，由网上政府采购系统自动评判并确定成交供应商。询价中出现2个以上相同最低报价的，按报价时间先后顺序确定成交供应商。

投标人了解了政府采购相关法律对于不同采购方式的规定后，就可以更好地读懂所参与投标项目的招标文件，知己知彼，结合自己公司的实际情况有针对性地制作投标文件或者响应文件，更好地参与投标活动。

二、资格要求

政府采购活动中的资格要求，主要是指对投标人的一般资格要求和特定资格要求，也可能有对投标产品或者生产厂家的资格要求。《政府采购法》规定任何单位和个人不得采用任何方式，阻挠和限制供应商自由进入本地区和本行业的政府采购市场。供应商是指向采购人提供货物、工程或者服务的法人、其他组织或者自然人。该法第二十二条规定供应商参加政府采购活动应当具备下列条件：

（一）具有独立承担民事责任的能力；

（二）具有良好的商业信誉和健全的财务会计制度；

（三）具有履行合同所必需的设备和专业技术能力；

（四）有依法缴纳税收和社会保障资金的良好记录；

（五）参加政府采购活动前三年内，在经营活动中没有重大违法记录；

（六）法律、行政法规规定的其他条件。

采购人可以根据采购项目的特殊要求，规定供应商的特定条件，但不得以不合理的条件对供应商实行差别待遇或者歧视待遇。

《政府采购法》明确采购人可以要求参加政府采购的供应商提供有关资质证明文件和业绩情况，并根据本法规定的供应商条件和采购项目对供应商的特定要求对供应商的资格进行审查。两个以上的自然人、法人或者其他组织可以组成一个联合体，以一个供应商的身份共同参加政府采购。以联合体形式进行政府采购的，参加联合体的供应商均应当具备本法第二十二条规定的条件，并应当向采购人提交联合协议，载明联合体各方承担的工作和义务。联合体各方应当共同与采购人签订采购合同，就采购合同约定的事项对采购人承担连带责任。

《政府采购法实施条例》规定，参加政府采购活动的供应商应当具备《政府采购法》第二十二条第一款规定的条件，提供下列材料：

（一）法人或者其他组织的营业执照等证明文件，自然人的身份证明；

（二）财务状况报告，依法缴纳税收和社会保障资金的相关材料；

（三）具备履行合同所必需的设备和专业技术能力的证明材料；

（四）参加政府采购活动前三年内在经营活动中没有重大违法记录的书面声明；

（五）具备法律、行政法规规定的其他条件的证明材料。

采购项目有特殊要求的，供应商还应当提供其符合特殊要求的证明材料或者情况说明。

单位负责人为同一人或者存在直接控股、管理关系的不同供应商，不得参加同一合同项下的政府采购活动。除单一来源采购项目外，为采购项目提供整体设计、规范编制或者项目管理、监理、检测等服务的供应商，不得再参加该采购项目的其他采购活动。《政府采购法》第二十二条第一款第五项所称重大违法记录，是指供应商因违法经营受到刑事处罚或者责令停产停业、吊销许可证或者执照、较大数额罚款等行政处罚。供应商在参加政府采购活动前三年内因违法经营被禁止在一定期限内参加政府采购活动;期限届满的,可以参加政府采购活动。采购人或者采购代理机构有下列情形之一的,属于以不合理的条件对供应商实行差别待遇或者歧视待遇:

(一)就同一采购项目向供应商提供有差别的项目信息;

(二)设定的资格、技术、商务条件与采购项目的具体特点和实际需要不相适应或者与合同履行无关;

(三)采购需求中的技术、服务等要求指向特定供应商、特定产品;

(四)以特定行政区域或者特定行业的业绩、奖项作为加分条件或者中标、成交条件;

(五)对供应商采取不同的资格审查或者评审标准;

(六)限定或者指定特定的专利、商标、品牌或者供应商;

(七)非法限定供应商的所有制形式、组织形式或者所在地;

(八)以其他不合理条件限制或者排斥潜在供应商。

联合体中有同类资质的供应商按照联合体分工承担相同工作的,应当按照资质等级较低的供应商确定资质等级。以联合体形式参加政府采购活动的,联合体各方不得再单独参加或者与其他供应商另外组成联合体参加同一合同项下的政府采购活动。

《政府采购货物和服务招标投标管理办法》中规定:采购人、采购代理机构不得将投标人的注册资本、资产总额、营业收入、从业人员、利润、纳税额等规模条件作为资格要求或者评审因素,也不得通过将除进口货物以外的生产厂家授权、承诺、证明、背书等作为资格要求,对投标人实行差别待遇或者歧视待遇。采购人或者采购代理机构应当根据采购项目的实施要求,在招标公告、资格预审公告或者投标邀请书中载明是否接受联合体投标。如未载明,不得拒绝联合体投标。

《财政部关于在政府采购活动中查询及使用信用记录有关问题的通知》中规定:各级财政部门、采购人、采购代理机构应当通过“信用中国”网站(www.creditchina.gov.cn)、“中国政府采购网”(www.ccgp.gov.cn)等渠道查询相关主体的信用记录，并采取必要方式做好信用信息查询记录和证据留存，信用信息查询记录及相关证据应当与其他采购文件一并保存。采购人或者采购代理机构应当在采购文件中明确信用信息查询的查询渠道及截止时点、信用信息查询记录和证据留存的具体方式、信用信息的使用规则等内容。采购人或者采购代理机构应当对供应商信用记录进行甄别，对列入失信被执行人、重大税收违法案件当事人名单、政府采购严重违法失信行为记录名单及其他不符合《政府采购法》第二十二条规定条件的供应商，应当拒绝其参与政府采购活动。两个以上的自然人、法人或者其他组织组成一个联合体，以一个供应商的身份共同参加政府采购活动的，应当对所有联合体成员进行信用记录查询，联合体成员存在不良信用记录的，视同联合体存在不良信用记录。

三、采购样品

针对具体政府采购项目的不同要求，采购人可能会要求供货人在参加政府采购活动时提供相应样品，以更好地完成项目的采购。

《合同法》规定：凭样品买卖的当事人应当封存样品，并可以对样品质量予以说明。出卖人交付的标的物应当与样品及其说明的质量相同。凭样品买卖的买受人不知道样品有隐蔽瑕疵的，即使交付的标的物与样品相同，出卖人交付的标的物的质量仍然应当符合同种物的通常标准。

《政府采购法实施条例》规定：采购人或者采购代理机构不得通过对样品进行检测、对供应商进行考察等方式改变评审结果。采购人、采购代理机构有通过对样品进行检测、对供应商进行考察等方式改变评审结果的，依照政府采购法第七十一条、第七十八条的规定追究法律责任。

《政府采购货物和服务招标投标管理办法》规定：采购人、采购代理机构一般不得要求投标人提供样品，仅凭书面方式不能准确描述采购需求或者需要对样品进行主观判断以确认是否满足采购需求等特殊情况除外。要求投标人提供样品的，应当在招标文件中明确规定样品制作的标准和要求、是否需要随样品提交相关检测报告、样品的评审方法以及评审标准。需要随样品提交检测报告的，还应当规定对检测机构的要求、检测内容等。采购活动结束后，对于未中标人提供的样品，应当及时退还或者经未中标人同意后自行处理；对于中标人提供的样品，应当按照招标文件的规定进行保管、封存，并作为履约验收的参考。

《政府采购竞争性磋商采购方式管理暂行办法》规定：采购人或者采购代理机构不得通过对样品进行检测、对供应商进行考察等方式改变评审结果。

《重庆市公共资源交易中心政府采购样品管理暂行规定》更是对采购样品的递交时间地点、存放摆样、封样退还做出了详细的要求。该规定明确样品是供应商投标响应文件，应由采购人或采购代理机构负责接收，统一存放至市交易中心指定地点，由市交易中心指定专人专管。样品的制作、运输、安装、拆除等相关费用由供应商承担。因采购项目需要设定样品的，采购文件应当明确规定样品规格、数量，样品提交和退还时间、地点，以及样品退还方式等事宜。采购文件要求封样保存的，由采购人或采购代理机构于评标结束当日将拟成交供应商样品撤离现场，自行保管并承担保管责任。该封存保管样品的后续退还工作由采购人或采购代理机构与该供应商自行协商确定。

四、商务与技术

对于采用最低价评标法的政府采购项目，一般不允许有任何商务与技术的负偏离。否则，该投标人将投标无效或者不能成为中标候选人。《政府采购法》规定采用竞争性谈判方式采购的，确定成交供应商。谈判结束后，谈判小组应当要求所有参加谈判的供应商在规定时间内进行最后报价，采购人从谈判小组提出的成交候选人中根据符合采购需求、质量和服务相等且报价最低的原则确定成交供应商，并将结果通知所有参加谈判的未成交的供应商。采取单一来源方式采购的，采购人与供应商应当遵循本法规定的原则，在保证采购项目质量和双方商定合理价格的基础上进行采购。采取询价方式采购的，采购人根据符合采购需求、质量和服务相等且报价最低的原则确定成交供应商，并将结果通知所有被询价的未成交的供应商。《政府采购法实施条例》规定:《政府采购法》第三十八条第五项、第四十条第四项所称质量和服务相等,是指供应商提供的产品质量和服务均能满足采购文件规定的实质性要求。

《政府采购货物和服务招标投标管理办法》规定:采用最低评标价法的,评标结果按投标报价由低到高的顺序排列,投标报价相同的并列。投标文件满足招标文件全部实质性要求且投标报价最低的投标人为排名第一的中标候选人。

《政府采购非招标采购方式管理办法》规定:谈判小组应当从质量和服务均能满足采购文件实质性响应要求的供应商中,按照最后报价由低到高的顺序提出三名以上成交候选人,并编写评审报告。采用单一来源采购方式采购的,采购人、采购代理机构应当组织具有相关经验的专业人员与供应商商定合理的成交价格并保证采购项目的质量。询价小组应当从质量和服务均能满足采购文件实质性响应要求的供应商中,按照报价由低到高的顺序提出三名以上成交候选人,并编写评审报告。

《政府采购竞争性磋商采购方式管理暂行办法》规定:经磋商确定最终采购需求和提交最后报价的供应商后,由磋商小组采用综合评分法对提交最后报价的供应商的响应文件和最后报价进行综合评分。

五、关于进口产品

《政府采购法》规定:政府采购应当采购本国货物、工程和服务。但有下列情形之一的除外:

(一)需要采购的货物、工程或者服务在中国境内无法获取或者无法以合理的商业条件获取的;

(二)为在中国境外使用而进行采购的;

(三)其他法律、行政法规另有规定的。

前款所称本国货物、工程和服务的界定,依照国务院有关规定执行。

这个规定在《政府采购进口产品管理办法》中体现为:所称进口产品,是指通过中国海关报关验放进入中国境内且产自关境外的产品。政府采购应当采购本国产品,确需采购进口产品的,实行审核管理。采购人采购进口产品时,应当坚持有利于本国企业自主创新或消化吸收核心技术的原则，优先购买向我国转让技术、提供培训服务及其他补偿贸易措施的产品。设区的市、自治州以上人民政府财政部门（以下简称为财政部门）应当依法开展政府采购进口产品审核活动，并实施监督管理。国家限制进口产品，是指商务部、发展改革委、科技部等部门制订的相关目录上的产品。采购人采购的产品属于国家限制进口产品时，除须要财政部门出具专家论证意见外，还要同时出具产品所属行业主管部门的意见，其中，产品属于国家限制进口的重大技术装备和重大产业技术的，应当出具发展改革委的意见；属于国家限制进口的重大科学仪器和装备的，应当出具科技部的意见。当采购人的行政主管部门也是采购产品所属行业主管部门时，以产品所属行业主管部门出具意见。当采购人的行政主管部门与采购产品所属行业主管部门不一致时，仍以产品所属行业主管部门出具的意见为有效意见。采购人采购进口产品时，必须在采购活动开始前向财政部门提出申请并获得财政部门审核同意后才能开展采购活动。在采购活动开始前没有获得财政部门同意而开展采购活动的，视同为拒绝采购进口产品，应当在采购文件中明确做出不允许进口产品参加的规定。未在采购文件中明确规定不允许进口产品参加的，也视为拒绝进口产品参加。采购活动组织开始后才报经财政部门审核同意的采购活动，属于违规行为。财政部门审核同意购买进口产品的，应当在采购文件中明确规定可以采购进口产品，但如果因信息不对称等原因，仍有满足需求的国内产品要求参与采购竞争的，采购人及其委托的采购代理机构不得对其加以限制，应当按照公平竞争原则实施采购。对于实行协议供货的政府集中采购目录产品，集中采购机构在组织采购时，可以不限制进口产品入围，但采购人在采购入围进口产品前，须要报经财政部门审核同意。对于非协议供货的政府集中采购目录产品，采购人没有出具财政部门同意采购进口产品审核意见的，集中采购机构一律不得为其组织采购进口产品。对于政府集中采购目录内的、采购量小且采购次数多的经常性产品，可以实行批量审核，即采购人向财政部门提出一揽子采购进口产品清单的申请、所需证明材料和采购计划，经财政部门审核同意后，在本年内随时按规定组织购买,无须再逐一申请报批。

《关于政府采购进口产品管理有关问题的通知》规定:根据《中华人民共和国海关法》(以下简称《海关法》)的规定,我国现行关境是指适用《海关法》的中华人民共和国行政管辖区域,不包括香港、澳门和台湾金马等单独关境地区。保税区、出口加工区、保税港区、珠澳跨境工业区珠海园区、中哈霍尔果斯国际边境合作中心中方配套区、综合保税区等区域,为海关特殊监管区域,这些区域仅在关税待遇及贸易管制方面实施不同于我国关境内其他地区的特殊政策,但仍属于中华人民共和国关境内区域,由海关按照《海关法》实施监管。因此,凡在海关特殊监管区域内企业生产或加工(包括从境外进口料件)销往境内其他地区的产品,不作为政府采购项下的进口产品。对从境外进入海关特殊监管区域,再经办理报关手续后从海关特殊监管区进入境内其他地区的产品,应当认定为进口产品。对已在境内经过多次流转、无法提供报关单证的产品,应按照以下方法进行查证:(一)通过正常渠道进口的产品,无论在境内流转多少次,尽管中间商业环节没有保留进口报关单证,但通过层层倒推,最终可以找到进口代理商或者进口收货人,从而可以向海关查询进口报关记录。这种方法一般适用于生产设备、机械、汽车等大宗商品。(二)通过走私违法方式进口的产品,由于未进行进口申报,不存在进口报关记录,因此,应当通过商品或者其包装上的原产地标识等其他证据来间接证明其为境外生产的产品。

《重庆市2019—2020年政府集中采购目录及限额标准》的通知中要求:符合《政府采购法》《财政部关于印发〈政府采购进口产品管理办法〉的通知》等有关法律法规规定,确需采购进口产品的,应当事先按《重庆市财政局关于进口产品政府采购审批有关事项的通知》等的要求提交申报材料,经批准后,方可依法开展政府采购活动。国家及市政府有其他规定的,从其规定。《重庆市财政局关于进一步简化政府采购业务管理流程的通知》(渝财采购〔2018〕11号)中提高了进口设备审批限额。即政府采购进口产品审批限额由5万元提高到20万元(含)。也就是说,单次采购进口设备预算达到20万元的,才由采购人报经主管部门审批同意后,向市财政局报送书面审批材料。限额以下的,不需要审批。

六、小微企业

小微企业是国民经济发展的生力军，在稳定增长、扩大就业、促进创新、繁荣市场和满足人民群众需求等方面发挥着极为重要的作用。据统计，目前中国总计有超过2500多万家小微企业。政府采购活动必须支持小微企业的发展。《政府采购法》规定政府采购应当有助于实现国家的经济和社会发展政策目标，包括保护环境，扶持不发达地区和少数民族地区，促进中小企业发展等。《政府采购法实施条例》要求国务院财政部门应当根据国家的经济和社会发展政策，会同国务院有关部门制定政府采购政策，通过制定采购需求标准、预留采购份额、价格评审优惠、优先采购等措施，实现节约能源、保护环境、扶持不发达地区和少数民族地区、促进中小企业发展等目标。《政府采购货物和服务招标投标管理办法》规定：采购人应当在货物和服务招标投标活动中落实节约能源、保护环境、扶持不发达地区和少数民族地区、促进中小企业发展等政府采购政策。

财政部、工业和信息化部关于印发《政府采购促进中小企业发展暂行办法》的通知中规定：本办法所称中小企业（含中型、小型、微型企业，下同）应当同时符合两个条件：（一）符合中小企业划分标准；（二）提供本企业制造的货物、承担的工程或者服务，或者提供其他中小企业制造的货物。本项所称货物不包括使用大型企业注册商标的货物。本办法所称中小企业划分标准，是指国务院有关部门根据企业从业人员、营业收入、资产总额等指标制定的中小企业划型标准。小型、微型企业提供中型企业制造的货物的，视同为中型企业。任何单位和个人不得阻挠和限制中小企业自由进入本地区和本行业的政府采购市场，政府采购活动不得以注册资本金、资产总额、营业收入、从业人员、利润、纳税额等供应商的规模条件对中小企业实行差别待遇或者歧视待遇。负有编制部门预算职责的各部门，应当加强政府采购计划的编制工作，制定向中小企业采购的具体方案，统筹确定本部门（含所属各单位）面向中型企业采购的项目。在满足机构自身运转和提供公共服务基本需求的前提下，应当预留本部门年度政府采购项目预算总额的30%以上，专门面向中小企业采购，其中，预留给小型和微型企业的比例不低于60%。采购人或者采购代理机构在组织采购活动时，应当在招标文件或谈判文件、询价文件中注明该项目专门面向中型企业或小型、微型企业采购。对于非专门面向中小企业的项目，采购人或者采购代理机构应当在招标文件或者谈判文件、询价文件中做出规定，对小型和微型企业产品的价格给予6%~10%的扣除，用扣除后的价格参与评审，具体扣除比例由采购人或者采购代理机构确定。参加政府采购活动的中小企业应当提供本办法规定的《中小企业声明函》。鼓励大中型企业和其他自然人、法人或者其他组织与小型、微型企业组成联合体共同参加非专门面向中小企业的政府采购活动。联合协议中约定，小型、微型企业的协议合同金额占到联合体协议合同总金额30%以上的，可给予联合体2%~3%的价格扣除。联合体各方均为小型、微型企业的，联合体视同为小型、微型企业享受本办法第四条、第五条规定的扶持政策。组成联合体的大中型企业和其他自然人、法人或者其他组织，与小型、微型企业之间不得存在投资关系。中小企业依据本办法第四条、第五条、第六条规定的政策获取政府采购合同后，小型、微型企业不得分包或转包给大型、中型企业，中型企业不得分包或转包给大型企业。鼓励采购人允许获得政府采购合同的大型企业依法向中小企业分包。大型企业向中小企业分包的金额，计入面向中小企业采购的统计数额。

中小企业划分标准或参见《中小企业划型标准规定》（工信部联企业〔2011〕300号）中的规定，中小企业被划分为中型、小型、微型三种类型，具体标准根据企业从业人员、营业收入、资产总额等指标，结合行业特点制定。本规定适用的行业包括：农、林、牧、渔业，工业（包括采矿业，制造业，电力、热力、燃气及水生产和供应业），建筑业，批发业，零售业，交通运输业（不含铁路运输业），仓储业，邮政业，住宿业，餐饮业，信息传输业（包括电信、互联网和相关服务），软件和信息技术服务业，房地产开发经营，物业管理，租赁和商务服务业，其他未列明行业（包括科学研究和技术服务业，水利、环境和公共设施管理业，居民服务、修理和其他服务业，社会工作，文化、体育和娱乐业等）。

第四章

如何编制标书

投标文件的编制过程是投标人对招标文件及招标项目理解情况的书面体现,亦是投标人实力和投标态度的展示,形象地说,投标文件的编制、响应过程就是考试答卷的过程,在这一次性的招标过程中,如何提交一份圆满的答卷就是本章需要探讨的主要问题。

供应商参与投标的主要目的是希望通过招投标活动成为项目的中标人。在政府采购中要想尽可能增加自己成为中标人的概率,投标人需要做到三点:1.通过投标人资格审查和投标文件符合性审查,取得进入投标文件商务和技术评审环节的资格;2.投标文件商务和技术评审得分最高;3.尽可能突出自己在投标项目中的优势,做到投标方案扬长避短。本章主要以重庆市政府采购中的公开招标项目为例,介绍投标文件编制排版过程中的关键点、难点,其他采购方式如竞争性谈判、竞争性磋商、询价采购等稍作介绍,相似之处就不再赘述。

第一节　标书的编制准备

一、获取采购信息

"重庆市政府采购网"是重庆市财政局指定的政府采购信息发布媒介。全市市一级集中采购项目、部门集中采购项目、分散采购项目等均统一在该网站上发布采购公告。因此,关注"重庆市政府采购网"的采购公告是供应商获取采购信息的主要手段。

投标文件的编制是以招标文件内容为主要依据的。当供应商知晓相关采购信息后,筛选和过滤有效信息,快速确定目标项目。对于长则二十天,短则三个工作日的采购周期而言,时间就是制约供应商的首要因素。下面使用重庆市的招标文件范本格式,简单介绍如何层层过滤招标文件给出的条件,快速地做出判断,获取有效信息。

二、核对资格要求

核对资格要求是招标人对资格预审申请人或投标人的经营资格、专业资质、技术能力、管理能力、信誉等方面进行评估审查，以判定其是否具有参与项目投标和履行合同的基本资格及能力。

资格审查是招标采购评审的第一步，审查通过与否决定着投标人是否具备进入后续评审环节的资格。供应商应核对招标文件中“基本资格条件”和“投标人特定资格条件”所列的全部审查因素及对应的资格审查材料，明确三个问题：1. 自己是否完全满足资格条件要求；2. 如果资格条件存在不满足的条款，资格条件是否存在设置过高的情况；3. 备齐所有资格审查材料需要多长时间，能否满足投标截止时间的要求。

三、结合评分办法核对参数

供应商在核对此部分内容前须重点掌握一点，即本次招标技术、商务、合同主要条款所要求的实质性内容。一般而言，招标文件中技术及商务要求所列条款可能存在三类条款。第一类：实质性要求条款，投标人必须满足该类条款要求才具备有效投标人的资格，此类条款需求属于刚性条款。第二类：重要条款，这类条款一般与评标办法结合起来使用，发挥类似刚性条款的作用，在技术和商务条款的评审中，如果出现此类条款不满足的情况，根据招标文件约定的扣分方式、扣分分值的不同，会给投标人造成每条少则3—5分的扣分，多则整个技术或商务部分得0分的后果。这个部分设置的扣分方式将直接决定招标项目的导向。如果招标文件规定重要条款要求不满足，将被扣除较大分值，或将得0分，那就意味着这些条款等同于实质性条款。如果投标人不满足要求，虽然还未被判定为无效投标，但几乎可以确定已无中标可能性，也就失去了参与这个项目竞争的意义。如果这个部分设置的扣分值较低，还需结合自身投标报价可能得到的分值，综合判断自己是否具备足够的优势，以决定是否参与投标。第三类：一般条款，需注意这类条款虽然允许有部分不满足，但可能会设置不满足条款数量的上限值，达到或超过这个阈值将同样导致该部分得0分，继而失去中标的可能。

综上所述，投标人需做好两点，一是不违反刚性或类似刚性条款的要求；二是找到价格和技术、商务方案的最佳切合点，避免因对招标文件理解不到位造成的无意义投标。另外，政府采购中除通用型、标准设备基本采用格式合同外，非标准设备、服务类标的物招标文件所给出的合同主要条款，如果招标文件没有明示允许偏离，均按实质性条款必须满足的情况对待。投标人只有完整、准确地获取了招标文件中这些实质性条款的信息，才能做出准确的判断，避免时间、精力、金钱的无谓浪费，做到有的放矢。

第二节　标书编制的原则及重点

经过对招标文件的初步筛查，供应商发现自己具备参与某个项目的投标资格，存在中标的可能性，那是否就意味着中标是一条坦途了呢？我们先来看看投标文件的编制对于政府采购的意义。

第一，从法律程序的角度来讲，投标文件是对招标人发出的要约邀请，即招标文件的响应，也就是要约，这是构成合同的要件。只要招标文件约定的内容不存在违反现行法律法规的内容，招标文件约定的内容就是具备法律效力的，因此招标文件中约定的关于投标文件编制、招投标程序等内容均可视为实质性内容。如果招标文件有明确约定某些条款不做强制要求，而供应商忽略了这些内容的要求，那么势必造成严重后果。

第二，从评审投标文件的实际情况来讲，现在大多数的招标项目一般在几个小时之内完成评审工作，投标人必须在有限的时间里将自己响应投标文件的情况完整、准确、清晰地展示给评委，避免因自己文件编制不到位，准备不充分造成不必要的失误、失分。因此投标文件的编制水平也将直接影响投标结果。

一、标书编制的原则

如何做好这张投标答卷，需要做到以下三点：(一)投标文件的编制以不出错、不失误，不因失误被判定为无效投标为原则；(二)准确呈现资格、技术、商务等实质性条款的响应情况，避免不清晰、不准确、不完整的响应描述，做到不被误扣分；(三)在做好前两条的基础上，投标文件应扬长避短，展示自身实力，提高自身的“印象分”。

(一)投标文件编制准确

不少供应商可能有过这样的经历，自己满足资格条件，技术、商务也有优势，但评标结果一公布，连前三名都没进入。一问才知道，自己竟然被判定为无效投标，究其原因，其实是一些不起眼的细节没有得到足够重视而造成的。如何才能做到投标文件编制不出错、不失误，不因失误被判定为无效投标是投标人应十分重视的问题。

(二)准确呈现实质性条款的响应情况

评标时，评标专家需要在几个小时的时间里完成对招标文件约定资质、技术、商务、评分内容、评标程序的熟悉以及所有投标文件的阅读、比较、打分等工作。这就决定了平均花在每份投标文件上的时间是有限的。具体到某些条款上能用到的时间就更有限。这就需要投标人在制作响应文件时务必做到有针对性、直接、准确、完整，避免弯弯绕绕、似是而非的表述给评标专家造成歧义，造成误解，也给自己带来不必要的麻烦。

(三)扬长避短

对于公开招标而言，供应商即使在报价部分给出了最低报价，但也无法保证综合得分排名第一。因此，想要最大限度地增大自己中标的概率就要多想办法为自己“加分”。以评标中采用较多的综合评分法为例，根据项目的不同技术评分办法中可能设置的主观评分项一般有技术方案、现场安装方案、样品等。而商务部分评分办法中可能设置的主观评分项一般有售后服务方案、培训方案、生产企业实力、优惠方案等。这些主观评分项的响应情况反映的是投标人的实力、能力以及产品和服务的优势。如何展示自身的独特优势就是投标人应该着重考虑的问题。另外，这些内容的响应情况一定程度上反映了投标人的准备情况、重视程度，这在竞争激烈、各投标人实力差距很小的项目评标中可能会起决定性作用，切不可忽视。

了解了编制标书的这三点原则后，如何运用这些原则针对招标文件进行投标文件的编制？编制的重点又有哪些呢？下面我们一一分析。

二、编制标书的重点

投标文件编制过程中需要着重注意的有哪些问题，这些重点又如何在标书编制的过程中着重体现，解决这些问题还是需要从招标文件入手，以招标文件的具体要求来具体分析切入问题。这里分为三个层次：(一)设计一套严谨的标书编制流程，通过对招标文件的阅读，标注出招标文件中要求提供的资料种类、数量等要求，不遗漏关键信息，编制完毕须交叉检查；(二)分析实质性要求内容并找准重难点；(三)招标文件中非实质性条款的响应及注意事项。下面详细阐述一下这三个层次的内容。

(一)投标文件编制流程

工欲善其事，必先利其器。参加一个项目的投标，其实也是一次投标人内部人员、资源等各方面的整合过程。这个过程中需要有技术、销售、售后、财务、行政、法律等各方面的人员参与制作方案，还需要落实供货、生产、销售、物流、资金等各方资源。要做好一份标书，需要做大量的准备工作，更需要大量协调工作来保证项目的推进实施。

标书编制流程大致有四个步骤：标注，分解，汇总，检查。

标注：招标文件中的信息对于投标人而言，根据约定内容不同可分为：资格审查、技术要求、商务及合同条件要求、投标文件格式要求、招投标程序要求；从另一角度来说，可分为实质性要求和非实质性要求。把两种划分方式结合起来使用，可以更全面准确地分析招标文件的要求，比如：投标人应符合的基本资格条件第(1)条“具有独立承担民事责任的能力”的检查内容：“投标人法人营业执照(副本)或事业单位法人证书(副本)或个体工商户营业执照或有效的自然人身份证明复印件。”这一项要求为实质性要求，它属于招标文件的资格审查内容，其中有三个关键词“副本”“有效的”“复印件”，须将这三个词标注出来，提醒自己注意，只标注出来显然是不够的，还需要投标人弄清楚它们的含义，“副本”一词是针对投标人法人营业执照和事业单位法人证书而言的，首先其区别于正本，其次由于此处虽没有写明是否证件为“有效的”，但必须默认提供的证件有效。什么才是“有效的”自然人身份证明，身份证明应理解为身份证或公安机关出具的身份证明；什么是“有效的”，其一身份证明必须在有效期内，其二身份证明必须完整提供，也就是说身份证不能只复印一面，必须双面复印。“复印件”这项要求，投标人需检查招标文件中是否存在其他地方要求提供复印件的原件的情况，避免忽略。分析了招标文件的要求，只需要投标人将自身情况对号入座即可。

分解：分解就是将招标文件的各方面要求划分给不同的专业部门的人，由他们分别进行再分析，研究制定本部分的投标方案、策略并对自己部门的方案、文件进行内部检查。编制投标文件，供应商可以成立临时项目组，从公司不同部门抽调熟悉业务的人员组成团队，针对招标文件的不同部分进行共同讨论、分解任务、汇总制作、审核检查，避免因各个部门的人员只熟悉部分标书内容，掌握的信息不对称，造成失误。

汇总：检查各个部门形成的自己板块的方案是否存在与其他板块方案不匹配，甚至矛盾的情况，报价方案是否具备竞争优势，技术与商务匹配度最好的方案是哪个等，这些问题都需要在这个环节得到落实并汇总糅合形成最终的投标方案和策略。

检查：汇总形成投标文件后建议由熟悉招投标程序、法律，具有丰富投标经验的人员牵头，根据标注出的关键信息逐一检查、核验投标文件的响应情况，对存有分歧或歧义的内容按照最严格的评判标准进行修正并可准备不同应对方案;最后可采用模拟打分方式,预估自己的得分情况,尤其是客观部分得分,逆向分析投标方案的合理程度及中标概率。

(二)分析实质性要求内容并找准重难点

前面一节已经阐述过什么是实质性要求,这里所讲的实质性要求范畴需要扩大一些,除了刚性条款以外,也包括重要条款和可能导致技术或商务部分得0分的约定情况。下面以公开招标常用的综合评分法为例,逐一梳理现行招标文件的相应条款并分析这些要求的内在联系,尝试找出这些实质性要求中存在的重难点。

1.招标文件中涉及的实质性条款

(1)“重庆市政府采购网”公布的最新货物类公开招标文件范本中“第五篇投标人须知”“投标人的风险”的约定“投标人没有按照招标文件要求提供全部资料,或者投标人没有对招标文件在各方面作出实质性响应,可能导致投标被拒绝或评定为无效投标。”招标文件中与“实质性响应”的描述相对应的关键词是“实质性内容”和“实质性要求”。因此只要是招标文件中约定了属于“实质性内容”或“实质性要求”的条款,供应商就应该进行实质性响应,招标文件中有关“实质性内容”和“实质性要求”的条款有:

A.第四篇“符合性审查资料表”中列出的“投标文件签署”“投标方案”“报价唯一”“投标文件份数”“投标文件内容(技术部分中‘※’标注的技术需求)”“投标文件内容(商务部分中)‘※’标注的商务需求”“投标文件内容(投标有效期)”;

B.第五篇“三、投标文件”约定“投标人应当按照招标文件的要求编制投标文件,并对招标文件提出的要求和条件作出实质性响应,投标文件原则上采用软面订本,同时应编制完整的页码、目录。”

(2)招标文件第一篇中“四、投标、开标有关说明”约定了“在报名和招标文件发售期内购买了招标文件的投标人,其报名才被接收。”以及“若微型企业所投产品不是微型企业生产,又未按照本招标文件规定进行报名和购买招标文件的，其报名和投标无效。”这里表达了一个意思，无论投标人是否为微型企业，无论是否须缴纳报名费，均须进行报名填表，并确认报名成功，否则投标无效。

（3）招标文件第二、三篇中约定的“※”标注条款。

（4）招标文件第四篇中约定的“无效投标条款”：

A.未按照招标文件的规定提交投标保证金的；

B.投标文件未按招标文件要求签署、盖章的；

C.不满足招标文件中规定的资格审查或符合性审查要求的；

D.报价超过招标文件中规定的预算金额或者最高限价的；

E.投标文件含有采购人不能接受的附加条件的；

F.投标人串通投标的；

G.投标人组成联合体投标的（拒绝联合体投标时）；

H.法律、法规和招标文件规定的其他无效情形。

2.无效投标条款在标书编制过程中需注意的关键点

（1）未按照招标文件的规定提交投标保证金的

这里需要注意的有几个关键词语：递交截止时间、递交方式、递交账户。

投标保证金递交截止时间是指保证金到达交易中心指定账户的最迟时间，这里的最大变数是保证金在银行间数据交换走账的时间。为避免因银行原因造成保证金未及时到账，建议投标人提前2~3天办理保证金递交手续。这里不建议投标人过早递交保证金，一方面可提高资金利用效率；另一方面也可以尽量保护自己的投标信息。毕竟数据交换环节越多，泄露的风险也就越大。

保证金的递交方式一般为转账或电汇。这里需要注意的是，保证金须从投标人的基本账户中转出，这就涉及投标人基本账户登记的问题。招标文件中给出了两种基本账户登记方式，无论哪一种都须出示基本账户开户许可证的原件并提供加盖公章的复印件作为登记资料。

（2）投标文件未按招标文件要求签署、盖章的

招标文件中对投标文件签署、盖章的约定主要来自第五篇“投标人须知”

中“投标文件的份数和签署”第2、3两项的约定：“2.在投标文件正本中，招标文件第七篇投标文件格式中规定签字、盖章的地方必须按其规定签字、盖章。3.若投标人对投标文件的错处作必要修改，则应在修改处加盖投标人公章或由法定代表人或法定代表人授权代表签字确认。”且以第七篇所给出的投标文件格式为具体体现。

对于盖章、签署的要求需注意以下几点：

其一，基本要求：投标文件盖章、签署方式及要求以招标文件给出的投标文件格式上注明的要求为准。

其二，若制作完成的投标文件需要补充、修改，须在修改处加盖投标人公章或由法定代表人或法定代表人授权代表签字确认，这里主要是根据《政府采购货物和服务招标投标管理办法》对投标人在投标截止时间前要对已递交的投标文件进行补充、修改的情况进行约定。

对于评标过程中的澄清方式的约定“投标人的澄清、说明或者补正应当采用书面形式，由其法定代表人授权代表签字，其澄清的内容不得超出投标文件的范围或者改变投标文件的实质性内容。”这里只要求“由其法定代表人授权代表签字”，投标人从严格执行招标文件要求的角度，由其法定代表人授权代表对澄清文件签字肯定符合要求。但是，如果投标人到现场的人员就只有其法定代表人，就会把这个程序变得更复杂，而且这样的要求也与《政府采购货物和服务招标投标管理办法》第五十一条“投标人的澄清、说明或者补正应当采用书面形式，并加盖公章，或者由法定代表人或其授权的代表签字。投标人的澄清、说明或者补正不得超出投标文件的范围或者改变投标文件的实质性内容。”规定不符且过于严苛，应调整为与《政府采购货物和服务招标投标管理办法》保持一致，避免投标人产生误解。

其三，签署、盖章的特殊情况。投标文件格式“分项报价明细表”中的备注约定“该表可扩展，并逐页签字或盖章”，这里主要指填写完毕的分项报价明细表如果不止一页内容，必须从头至尾每页都签字或盖章，而不是只在给定的最后一页签字、盖章格式处签字、盖章。虽然招标文件格式中只有这一处有逐页签字或盖章的要求,究其原因此处之所以需要对可能产生的多页内容进行逐页签字或盖章,就是因为这里的相应内容涉及标的物的报价、型号等关键响应内容,但投标文件中并不只有这一处格式作为实质性响应内容可能需要用到扩展格式的情况。从《合同法》的规定来讲,合同中涉及标的物的价格、技术指标、商务条件这些都是合同的主要、核心条款,因此需要严谨对待。例如投标文件中的开标一览表、技术条款差异表、商务条款差异表均涉及邀约的主要内容,也将是签订合同时的主要条款。因此,建议投标人在制作这三部分投标文件时也进行逐页签字或盖章。

(3)不满足招标文件中规定的资格审查或符合性审查要求的

招标文件范本中的这条约定原文是“不具备招标文件中规定的资格要求的”,范本文件的符合性审查资料表中只有技术、商务(※)号标注的部分注明,不满足按无效投标处理,现在部分招标文件考虑到有效性审查、完整性审查,投标有效期等内容也属于招标文件的实质性条款。因此,也将这些不满足符合性审查的要求判定为无效投标。而这些约定内容也是无法回避的招标文件实质性条款,如果出现在实际评标过程中势必给评审工作带来困难,被质疑的风险也将大大增加,因此有部分招标文件已将此处增加不满足符合性审查要求将被判定为无效投标的约定。

投标人资格要求中投标人须注意两个问题:其一,基本资格条件中“具有良好的商业信誉和健全的财务会计制度”要求投标人提供“××××年度财务状况报告或其基本开户银行出具的资信证明复印件”。这里的财务报告除了时间之外没有其他定语对其进行约定,但最基本的财务报告应是符合法律法规规定的有效的文件,根据《中华人民共和国会计法》等有关法律法规要求进行编制的,外送的财务报告需要有单位行政公章、负责人、总会计师、会计机构负责人、制表人等人员印章;虽然招标文件没有对财务报告的有效性进行详细说明,但并不意味着提供一份没有盖章、签字的财务报告就不会被判定为无效投标。

其二,投标人资格条件中所提到的“有效的”,在不同的资格要求中含义有可能不同。在医疗器械产品采购中，一般会要求产品制造商具备有效的医疗器械生产许可证，该许可证的有效期为5年，“有效的”在这里主要指证件未过期；在某些工业产品采购中会要求制造商具备ISO9001质量管理体系认证，此类证书除有有效时间外，在有效期内每年均需要年检，否则可能导致证书失效。

因此，在投标人准备编制投标文件时应弄清楚相关细节问题，避免造成遗憾。

（4）报价超过招标文件中规定的预算金额或者最高限价的

投标人在关注项目预算金额的同时应确认招标文件中是否设置有最高限价，两个价格均不能超过。

（5）投标文件含有采购人不能接受的附加条件的

投标文件须响应招标文件的实质性条款这一点大家都已经很清楚，但对于“采购人不能接受的附加条件”这一要求却可能忽略。举个例子来说，某事业单位购买一批材料，在招标文件中约定的付款方式为：

1. 合同签订后投标人需先向采购人提交一份与预付款金额对等的有效预付款保函，收到预付款保函，采购人支付合同总金额的20%作为预付款。

2. 全部供货完成后，支付合同总金额的75%。

3. 剩余合同金额的5%作为质保金，质保期内无质量问题，采购方于质保期结束后10个工作日内，支付合同余款。

评标过程中A投标人对于包括付款方式在内的所有商务条款均做出了满足招标文件要求的响应，本以为可顺利通过符合性评审。评委在其商务响应文件中发现一份名为“项目合理化建议”的文件，其中有一条建议为“根据我方集团公司财务部门要求，我公司提供的预付款保函应不早于收到对方预付款银行支付手续，本着有利于项目实施的原则，若我公司有幸中标，建议采购人支付预付款的同时向我公司提供预付款银行支付凭证以便我公司同时出具预付款保函。”该投标人虽然在投标文件的商务部分对付款方式进行了完全响应的描述，对于付款方式、进度、比例以及提供对等预付款保函的要求均无异议，但其投标文件对于提供预付款保函的程序与招标文件约定的内容存在不一致。评委经讨论后认为，该投标人此处表意内容虽为合理化建议，但与其投标文件的实质性响应内容存在前后矛盾的情况，认定其投标文件附加有采购人不能接受的条件，判定其不通过符合性评审。评标结果公示在网上后该投标人马上打电话询问未成为中标候选人的原因，他们认为自己的报价较低且技术、商务均满足招标文件要求，至少应该进入前三名，在告知其未通过符合性评审的理由后，该投标人才醒悟过来，原来是自己想争取一些程序上的便利而提出的该条合理化建议，结果却成为导致自己未能中标的绊脚石。究其原因，投标人认为建议内容招标人可以采纳，也可以不采纳，并不算作投标文件响应内容，失误在不清楚投标文件的所有内容均是对招标文件的响应，凡是写在投标文件上的内容都需要反复斟酌。

(6)投标人串通投标的

对于串通投标的具体行为的规定以《政府采购货物和服务招标投标管理办法》中第三十七条规定内容为准。投标文件中如果有安装方案、售后服务方案、培训方案等阐述性内容，投标人务必在网页中搜索一下关键语句和关键词，避免使用网上的模板化文案造成与其他投标人投标文件的高度一致，被判定为无效投标。

(7)法律、法规和招标文件规定的其他无效情形

以范本招标文件为例，第五篇"投标人须知"中有这两处约定。第一处是"投标人的风险：投标人没有按照招标文件要求提供全部资料，或者投标人没有对招标文件在各方面作出实质性响应，可能导致投标被拒绝或评定为无效投标。"这里是告知投标人没作出实质性响应所面临的风险。还有一处约定"投标人应当按照招标文件的要求编制投标文件，并对招标文件提出的要求和条件作出实质性响应，投标文件原则上采用软面订本，同时应编制完整的页码、目录。"这里是告知投标人应按招标文件要求编制投标文件并做出实质性响应，虽然招标文件中并未明确说明按照招标文件的要求编制投标文件是否为实质性要求，但此处的"应当"二字以及将其与"对招标文件提出的要求和条

件作出实质性响应”并列在一起，应理解为招标文件的实质性要求，因而招标文件对投标文件格式的约定内容也应该理解为招标文件的实质性要求，建议投标人严格按投标文件组成、联合投标、投标文件的份数和签署、投标报价、修正错误、投标文件的递交等要求编制投标文件。

另外，这条规定是一条兜底条款，需提醒投标人注意的是，我们分析投标文件编制是基于范本招标文件，对范本招标文件可以作适当修改，只要修改内容不违反法律法规。对于具体采购项目，投标人还须根据招标文件的具体情况进行分析，不同采购项目的招标文件在其他无效情形的约定上可能不尽相同。

总之，编制投标文件就是要严格按照招标文件规定的内容、格式、数量、方式制作投标文件，不忽略任何招标文件约定的要求，可以在此基础上进行扩展、增加，但增加的内容不能出现歧义，与投标文件的其他内容相互矛盾。做到上述几点后，顺利通过资格审查和投标文件的符合性审查就基本没有困难。

(三)条款和可能导致技术或商务部分得0分的条款

下面我们再来分析一下如何做才能尽可能地将自己该得的分都拿到手，通过投标文件全面、完整、清晰、准确地将自己的投标方案展示给评委，避免不应该的失分。

(1)重要条款虽不至于一票否决被判定为无效投标，但如果不满足将会导致技术或商务部分得0分，或者被大量扣分，从而实质上退出了中标人的竞争。面对这类条款，投标人须反复核对自己的投标方案中技术部分和商务部分的响应条款是否存在不满足要求或达到触发得0分条件的情况，这与投标人校对投标文件的细致程度以及投标方案的选择直接相关。

(2)这类条款的具体要求可能千变万化，各行业的情况不同，要求也有很大差异，但有一类情况需要投标人特别小心，招标文件中设置有投标人提供样品进行评审或现场演示评审的环节。设置有这类实物样品或现场演示评分内容的项目，一般分值都比较高，如果不提供或不按要求提供均会导致该评分项不得分。而值得注意的是，这种项目的评分办法中往往设置有技术参数评分内容，严格来说这就是将同一参数用不同方式评审了两次，也就放大了投标人之间原有的差距，增加了评审过程中人为影响的因素，投标人参与这类项目投标时要仔细研究自身的产品在本行业中的优劣势，不要误判形势。

(3)对投标文件编制的两点建议。编制准确完整的页码和目录；采用综合评分法的招标文件，制作投标文件时建议将技术部分或商务部分偏离表响应内容与技术部分或商务部分支撑材料证明文件设置页码索引，必要时还可在支撑材料证明文件里把相关内容用醒目的方式标注出来。这些做法不仅为了方便自己检查标书，还可以方便评标专家在有限的时间里快速找到投标文件里的关键信息，从而降低人为失误造成的不必要丢分，客观上也为评标专家留下投标文件清晰、专业的良好印象。但也有例外情况，部分工程和服务类项目采购时要求采用暗标制作投标文件技术部分，约定不得编制目录和页码，投标人应区别对待。

三、招标文件中非实质性条款的响应及注意事项

1.注意控制非实质性技术、商务部分条款不满足条款数量达到招标文件约定得0分的情况；2.建立偏离表响应内容与支撑材料证明文件的页码索引与标注，《政府采购货物和服务招标投标管理办法》(财政部令第87号)发布生效之后，投标人虽然可以了解到本人的得分与排序情况，但并未详细规定是否应告知投标人其每个部分的得分情况。因此，如果采购标的物为技术参数较多、较复杂的设备，那么对于可能的评分失误情况，投标人也无从知晓。为了减少错判、漏判，投标人可以用更清晰、明确的页码编制、内容索引来降低这种情况的发生以及对自己的影响。

第三节　投标文件编制常见的问题及案例分析

了解投标文件编制的基本方法和重点后，下面来介绍一些采购过程中遇到的投标文件编制问题，并尝试对这些问题加以分析。

一、常见问题分类

标书编制出现的问题根据程度、成因不同，可分为两类。

（一）工作态度问题。标书制作人员粗心、责任心不强、心存侥幸。这类问题总的来说是主观责任心不够造成的，其体现的具体形式有：遗漏资料、资料过期、缺少签字盖章、资料错放、部分条款未做响应。只要建立完善的标书编制流程并加以严格实施就可避免这类问题。

（二）工作能力问题。有部分问题的产生与标书编制人员不了解各种资料的申领、使用规定，缺乏对相关知识的理解以及凭主观臆断理解招标文件要求有关。这类问题需要标书编制人员加强学习，加深对招标文件的理解，多积累经验。

下面我们分别来介绍一些实际工作中遇到的案例，看看到底是哪里出了问题，应该如何避免。

二、案例分析

1.案例一

某单位对拟建的计算机集成平台进行公开招标，预算金额约500万元，市内几家大型计算机集成商均报名参加投标，投标人基本资格条件为符合《政府采购法》第二十二条规定。A公司为一家股份制上市企业，评标过程中某评委发现A公司的投标文件中未附其营业执照（副本），因该公司经常参加政府采购项目投标，且在业界中具备较强实力，该评委为慎重起见反复查阅了其投标文件，其他评委也一同进行了确认，均未发现该公司的营业执照（副本）。虽然这家公司的报价最低，且投标方案较有优势，但也只好按招标文件约定判定其为无效投标。中标结果公示后，A公司的法定代表人授权代表找到采购机构，质疑评标结果存在问题，但当采购机构告知其未中标理由后，该名授权代表也就哑口无言了。

分析：

按理说这样一家有实力的企业，又经常参加政府采购投标活动，不应该出现这样的低级错误,问题出在哪里?

事后该名授权代表向采购机构坦言,正是因为A公司编制投标文件的人员认为这次项目不算太大,自己也有丰富的经验,就没有严格按照投标文件的检查程序逐一检查投标文件的各项响应内容,而只对技术、商务部分内容进行了检查,这才导致出现这样低级的失误。

由此可见,良好的标书编制习惯、严谨的标书审查程序是取得好结果的首要保证。

2.案例二

"都是';'惹的祸",一位采购代理机构工作人员在谈到编制招标文件的时候,发出这样的感慨。原来不久前,这位工作人员就因此遇到了一宗投诉。

这宗投诉争论的关键点,是招标文件中的一个标点符号";"。

在某采购代理机构为其所代理的一个医疗设备采购项目编制招标文件时,针对其中一款血样化验设备提出了这样的技术要求:"设备××开放式;稀释式"。谁知正是这句话里的";"引发了一宗投诉。在中标结果公布后,有未中标供应商对结果提出了质疑。因为按照招标文件的表述,设备××的技术指标,是要求所提供产品能够"同时满足"开放式和稀释式两种条件,而中标供应商只满足了其中一种。显然,中标供应商所提供的产品是不符合招标文件要求的。因此,此次采购的结果应该是无效的。但是,与此同时,中标供应商也对此提出了自己的见解,认为";"所表达的是"分别满足"的意思,所以,只要满足其中一项就符合条件。

经过质疑的过程,各方都没有得到一个满意的答复,于是该案进入了投诉的阶段。当地监管部门接手调查后,也感到很为难。对招标文件中";"的解释,大家是"公说公有理,婆说婆有理",采购办的工作人员也难辨孰是孰非。为此,采购办请了一些专家,包括一些文字专家对此进行论证,而专家们的意见最终也无法达成一致。

最终,该投诉的处理结果为:招标文件表述不清楚,意思有歧义,责令重新招标采购。

分析：

通过这一案例，笔者认为，无论是招标文件的编写还是投标文件的制作，都要细之又细，稍不留心就可能因为一些小细节处理不当而引起大麻烦。编制文件过程中，不但不能对各个常规要素有所疏忽、遗漏，而且对实质性响应内容以及关键内容要有详细、准确的表述。在此基础上，在编制文件的过程中，对关键句中的每个字眼都要斟酌，每个标点符号都不能轻易放过。

一个“；”使代理机构一个多月的辛苦付诸东流，采购工作从头再来不得不说是一个巨大的损失。而且，采购人也没能及早地采购到所需要的设备，对正常工作的开展也产生了一定的影响。试想，如果当初在条款后备注（“二者只需要满足其一”或“二者需要同时满足”），之后的一切麻烦都会不复存在。

招投标文件的编制是个“细致活儿”，不要在这种不应该被遗忘的“角落”中出现问题。

3. 案例三

某采购代理机构受采购人委托，采购会议视频系统。采购结果公布后，采购人提出，第一中标候选人A公司的产品技术参数上存在偏差，不能满足招标文件要求，要求取消其中标资格，由第二中标候选人中标。

监管部门受理后，根据采购人的强烈要求，成立了由采购人、采购代理机构等代表参加的调查组，制定调查方案，通过多种方法进行深入调查，包括查阅现场记录，调看现场录像，向原厂商发函要求提供技术参数证明，向评审专家调查取证等。

经调查，A公司的投标产品在个别技术参数上确实有偏差，不能完全响应招标文件要求。但评标委员会在评标过程中已经发现这个问题，根据招标文件约定，认为不是约定的主要技术参数，且不影响使用。在评审时，专家均按招标文件评分办法约定给予扣分处理。A公司承认，具体经办人在制作投标文件时发生粘贴错误，有个别指标出现负偏离，也有一些指标是正偏离。A公司及时承认错误，表示愿意积极改正错误，并承担相应的责任，采取补救措施，在原报价不变的情况下，做到完全满足招标文件的要求并履行合同。A公司表示如果本次被取消中标资格,他们将认真总结经验教训。采购代理机构多次与采购人沟通,提出了两种解决方案:给予补偿或取消中标结果,但采购人不同意。采购人提出,A公司行为严重违法,监管部门应认真调查,严肃处理,并要求废标,直接由得分排名第二的供应商中标。

分析:

根据现有证据,能否认定A公司违法?

根据现有证据,A公司的行为不能被认定为违法。此案中,如果不是A公司对招标文件中打"*"号、下划线等重要技术参数不响应,那么只能认定A公司的部分技术指标有偏离、有失误。供应商没有如实说明情况,不能认定其"提供虚假材料",只是有轻微错误或不诚信,但认定其违法证据不足。例如某人是大专学历,但在填写履历表时填了大学,这是提供情况不实,属于不诚实;如果伪造学历,就属于造假,其性质不同。而且从现有证据也没办法判定A公司存在弄虚作假、骗取中标的主观故意行为。

本案带来了两个方面的启示:

一是质疑投诉的提出要慎重,要依照法律法规及招标文件的规定,做到有理有据。

二是投标人制作投标文件一定要做到反复检查,交叉检查,逐一核对实质性响应内容,A公司虽然最终中标这个采购项目,但是因为自己工作的一时疏忽,导致投标过程产生波折,浪费了时间和精力。

4.案例四

某区政府空调、电视机、电开水器招标项目在交易中心开标。此次公开招标,共分为空调、电视机、电开水器三个包。据集中采购代理机构负责人介绍,此次招标每包确定一家中标单位。同时,本次中标者还将作为该区政府采购本项目办公设备的定点供应商,定点期限将延续到下次同类项目招标确认前。

由于中标企业可成为定点供应商,此次招标活动得到了供应商的积极响应,共有A公司、B公司、C公司、D公司、E公司、F公司、G公司、H公司、I公司等9家企业参与投标。最终,B公司成为空调以及电开水器中标企业;D公司成为电视机中标企业。

分析：

此次招标取得了圆满成功，也没有质疑和投诉的情形发生，但我们从参与投标而最终未能中标的供应商中发现了其未能最终中标的原因，希望在进行分析后对大家有所帮助。

(1)标书装订不规范

此次家电项目评审标准中，对投标企业的投标文件进行了规定，要求投标文件装订良好，目录、页码对应准确，并占据着5分的权重。专家指出，由于评标时间很紧张，投标文件需要排列有序、查阅便利，这有利于评标人员在较短的时间内全面了解投标文件的内容。同时，投标文件要避免内容上的差错，装订也需美观，这样会给评委留下"投标态度严肃认真"的印象，增加对企业的信任感。

然而，在评标过程中发现，有些企业仅是将散页简单地夹在一起，就作为招标文件送来参与投标，与其他竞争厂商在标书装订上存在着一定差距。这在一定程度上影响了评委对企业的印象，使其在此项上评分不如其他竞争厂商。

评标专家指出，有些投标供应商认为标书的装订制作问题是小事情，没有给予足够的重视，但事实上，正是这些细枝末节往往会成为影响全局的大问题。

(2)标书条款未细读

招标文件是招标过程中对招投标双方都具有约束力的法律文件，招标方对招标货物和投标方资质的要求完全体现在招标文件当中。专家指出，投标人在编制投标文件时，必须反复研读招标文件，仔细分析招标文件的每一项要求，特别是要对招标文件中的实质性要求和条件做出响应。

在此次评标中，某投标企业是一家家电经销商，其投标的第一包产品是海尔。在评审过程中，评委专家反复查验，却未在其投标书中发现制造厂家的工业品生产许可证，这在招标文件中是做出了明确规定的。最终该企业被淘汰出局。

此次评标活动中，评标专家依照招标产品技术规范，对投标企业的产品技术性能及质量进行了严格的审查。某投标企业对招标文件中要求的制作、产品报价、售后服务承诺等方面都做出了响应，然而其投标的空调产品在技术性能上未达到招标文件的要求，出现了负偏离，也与中标无缘。

专家指出，投标企业需要对照招标文件要求对投标文件进行反复检查，通篇检查与重点检查相结合，避免缺漏及矛盾之处。检查中，如果投标产品与招标产品偏离过大，那么就说明企业产品与此项目要求不相适应，此时就应理智地考虑放弃投标。

(3)价格虽低但性能差

在电开水器产品的评标中，最低报价企业并未中标。参与评标的专家指出，本包价格占50分，技术性能和质量占40分，售后服务占10分。在评审中，综合考虑价格、技术性能、售后服务、企业实力等因素，对投标人分别进行考核打分决定最后入围中标企业。因此，价格最低的投标供应商不一定就是中标者。

同时，专家也指出，该企业提供的电开水器属于低端产品，虽然在价格上存在一定优势，但其性能、质量与其他投标人相比还有很大差距，这也是导致企业中标概率减小的原因。投标供应商需要透彻地研究招标产品的技术参数要求，有针对性地提供响应技术水平的产品。这样，在技术比、价格比等方面才能具有优势。

5.案例五

某部门采购一批装饰工程用水性涂料，采用竞争性谈判方式进行，最终共有四家具有一定知名度的涂料品牌参与竞标。谈判文件中约定的主要谈判资格条件为：产品生产企业具备中国环境标志产品认证证书；产品具备市级以上技术监督部门出具产品的有效质量检测合格报告；竞标人是市级政府采购定点采购单位。评标开始后评委首先根据招标文件规定对四家竞标人进行了资格性检查和符合性检查。在检查过程中评委发现，A公司提供的中国环境标志产品认证证书已超过有效期20天，同时该证书后面附有一份由该证书认证机构出具的名为“现场审核受理通知书”的文件，文件中明确指出A公司已通过中国环境标志产品认证现场审核，正在办理证件等相关手续。

谈判小组在是否可以认定该竞标人具备这项资质的问题上产生了分歧，一部分专家认为谈判文件要求的资格条件是产品生产企业具备中国环境标志产品认证证书，并未要求年检合格，而该竞标人也提供了证书原认证机构出具的该竞标人通过认证机构的现场审核且正在办理证件的证明，故应认定其该项资格条件满足要求，予以通过资格查审。但另一部分专家认为：1.现场审核概念不清晰且正在办证并不等同于已经取得认证证书；2.虽然招标文件没有要求证书已通过年检，但证书上附有的说明已注明“办理年检后证书有效”，因此，只能认定其提供的中国环境标志产品认证证书无效。

经谈判小组反复讨论并确认其投标文件内容后，谈判小组最终达成一致，认定A公司提供的中国环境标志产品认证证书无效，根据谈判文件规定判定其为无效投标。由于该投标人是一家经常参与政府采购的大型知名公司，当谈判小组告知其被判定为无效投标的理由时，该公司授权代表满不在乎，反复强调其提供的“现场审核受理通知书”足以说明本公司具备中国环境标志产品认证证书，不应该被判定为无效投标，并扬言将会提起质疑，甚至投诉。评审结束后代理机构也多方确认并向有关法律专家咨询，最终认定一个事实：受理通过且正在办证不等于已经具备有效证书，在竞标过程中竞标人并未直接证明其具备该认证的有效证书。最后代理机构也将这个结果告诉了A公司，经一番耐心细致的解释，A公司的授权代表最终接受这个结果。他也意识到这是他在制作投标文件时的一个判断失误，他主观地认为“现场审核受理通知书”的效力就等同于证书，因而参与了一次从一开始就没有胜算的竞标，为此还花费了大量的时间和精力。

启示：投标人在面对招标文件的各项要求时，应站在招标人的角度，客观理性地分析招标文件的要求，严格按照招标文件的要求制作、提供投标文件，不对招标文件未言明的内容主观臆测，对于招标文件有疑问的地方提出询问或质疑才是正确的做法。

第四节　全面检查投标文件

在整个投标文件编制完成后，递交之前需要对投标文件进行细致的检查。投标人可以根据表4-1进行详细的检查。

表4-1　×××项目检查明细表

×××项目检查明细表			
一	投标文件		
序号	检查项目	检查细节	确认否
1	项目编号与名称	投标文件整篇项目编号与名称是否正确	□
2	投标人名称	投标人名称与营业执照、资质证书、银行资信证明等证明证书一致	□
3	投标文件目录	投标文件目录是否完整，页码是否更新	□
4	投标文件排版	检查文本格式、字体、行数、图片有无模糊歪斜，是否按招标文件要求编辑	□
5	投标文件的完整性	对照目录进行逐项检查	□
6	投标内容	符合招标文件规定	□
7	页码、页眉、页脚	有无重页和缺页	□
8	报价	注意货币单位	□
		只能有一个有效报价	□
		投标报价没有大于最高投标限价	□
		纸质版、电子版或上传版本都一致	□
9	资质文件检查	顺序及完整性检查、有无复印不清楚或歪斜，证明材料是否齐全	□
10	营业执照、资质、质量认证证书、安全生产许可证	有合格的营业执照，且经营范围与招标项目一致，注册资金等资质符合法律法规和招标文件要求	□
11	工期	交货时间响应、权利义务响应符合招标文件要求	□
12	投标有效期	投标有效期符合招标文件要求	□

续表

13	偏差表	没有招标方不能接受的偏差内容	□
14	项目经理资格	满足法律法规及招标文件的要求	□
15	业绩	满足招标文件要求，附件完整齐全	□
16	货物质量或服务响应	符合招标文件及合同的规定	□
17	技术标准和要求	符合招标文件“技术标准和要求”规定	□
18	其他否决其投标条件	没有法律法规和招标文件规定的其他否决其投标的内容	□
二	分项检查		
1	开标文件	按照投标函格式要求逐页检查是否响应、漏页	□
		投标函中投标金额大小写检查	□
		单价与总价金额是否正确	□
		其他	
2	投标保证金	投标保证金是否符合要求，金额是否符合要求	□
3	商务部分	商务部分格式是否符合要求，逐页检查是否响应、漏页	□
		商务标书完整性检查	□
		商务标书资质证书是否在有效期内	□
		检查企业资质齐全、有无过期	□
		检查投标人员信息、证件对应	□
		其他	□
4	技术部分	技术部分格式是否符合要求，逐页检查是否响应、漏页	□
		交货期（工期）安排	□
		实施范围及概况	□
		组织方案、现场组织机构	□
		安全保障体系及措施	□
		质量保障体系及措施	□

续表

		本项目特点、项目经历、同规模项目经历	□
		项目经理情况	□
		主要技术负责人情况	□
		项目实施组织计划	□
		其他	□
5	电子光盘	招标文件要求检查所需导入文件，检查是否可以读取	□
		光盘正面填写信息是否正确	□
三	**投标文件封装和签字、盖章**		
1	法定代表人签字和授权代表签字(盖章)检查	逐页检查有无签字、盖章、签字是否正确，是否和授权人相符	□
2	封装方式及密封纸张检查	检查封装方式、封装纸张是否符合招标文件要求	□
3	封装包检查	是否按要求分装(正副本是否分开)	□
		封装包数量____包	□
4	投标文件份数	根据招标文件要求，检查投标文件是否写上正本和副本，标书要求是____正____副(电子版____份)	□
5	项目编号与名称	投标文件整篇项目编号与名称是否正确	□
6	人员名称	授权委托人、投标人名称	□
7	密封袋封面	是否按照内封、外封要求填写信息	□
8	签字、盖章检查	检查投标文件内需签字、盖章处是否签字、盖章	□
9	密封袋(暗标)特殊要求检查	检查招标文件对暗标的特殊要求	□
四	**文件签署**		
1	文件签署	投标函是否加盖单位公章或由法定代表人(或委托代理)人签字	□
		其他投标文件是否加盖单位公章或由法定代表人(或委托代理人)签字	□

续表

		如由委托代理人签字的，是否附法定代表人授权委托书	□ □
		法定代表人授权委托书是否加盖单位公章和法定代表人签字	□
		投标文件使用投标专用章替代单位公章，缺少投标专用章具备同等效力证明文件的	□
		投标文件未按规定的格式填写，内容不全或关键字迹模糊、无法辨认的	□
		是否加盖骑缝章，骑缝章是否覆盖每页	□
2	密封袋封面	是否按照内封、外封要求填写信息	□
3	签字、盖章检查	检查投标文件内需签字、盖章处是否签字、盖章	□
五	**开标现场准备文件**		
1	委托人身份证原件、授权委托书	是否携带	□
2	投保保证金递交函原件	是否携带	□
3	基本户开户许可证复印	是否携带	□
4	开标时间地点	是否通知	□
标书检验结果：			
A.可以送出 □			
B.重新修改 □　修改原因：			

第五章

编制资格文件

投标人要顺利通过评审，成为中标人的第一步就是要通过投标人资格审查和投标文件符合性审查，取得进入投标文件商务和技术评估环节的资格。本章重点讲述的就是如何编制资格文件。

首先我们先看看法律是如何规定的。

《政府采购法》第二十二条规定："供应商参加政府采购活动应当具备下列条件：（一）具有独立承担民事责任的能力；（二）具有良好的商业信誉和健全的财务会计制度；（三）具有履行合同所必需的设备和专业技术能力；（四）有依法缴纳税收和社会保障资金的良好记录；（五）参加政府采购活动前三年内，在经营活动中没有重大违法记录；（六）法律、行政法规规定的其他条件。采购人可以根据采购项目的特殊要求，规定供应商的特定条件，但不得以不合理的条件对供应商实行差别待遇或者歧视待遇。"

《政府采购法实施条例》第十七条进一步明确："参加政府采购活动的供应商应当具备政府采购法第二十二条第一款规定的条件，提供下列材料：（一）法人或者其他组织的营业执照等证明文件，自然人的身份证明；（二）财务状况报告，依法缴纳税收和社会保障资金的相关材料；（三）具备履行合同所必需的设备和专业技术能力的证明材料；（四）参加政府采购活动前三年内在经营活动中没有重大违法记录的书面声明；（五）具备法律、行政法规规定的其他条件的证明材料。采购项目有特殊要求的，供应商还应当提供其符合特殊要求的证明材料或者情况说明。"《政府采购法》第二十三条明确规定："采购人可以要求参加政府采购的供应商提供有关资质证明文件和业绩情况，并根据本法规定的供应商条件和采购项目对供应商的特定要求，对供应商的资格进行审查。"可见供应商的资格审查是开展政府采购工作的一项必不可少的环节，是保证政府采购工作顺利开展的重要因素。因此，在实际的政府采购工作中，采购人或代理机构都会严格审查供应商的资格。

1.资格审查是确定政府采购方式的重要手段。在制订政府采购计划时，必须确定政府采购方式。对潜在供应商进行资格审查，可以了解达到采购各方面要求的潜在供应商数量，从而决定本次采购是用公开招标、邀请招标还是采用其他的采购方式。因此，对供应商的资格审查直接影响采购程度、采购规则的制定以至整个采购活动的进行。

2. 资格审查是保证采购项目保质保量完成的必要手段。政府采购项目一般金额大，数量多。为确保合同顺利完成，招标（代理）机构都会按惯例进行资格审查，审查其是否能达到生产技术方面的要求，是否具有适当的融资能力及管理水平等，这样可以防止在履行合同时出现交货质量与实际要求不相符的情况。

3. 资格审查可以提高招标机构的工作效率，降低成本。在具体采购操作中，当发出报价和标书后，许多潜在供应商可能准备参加采购和招标。如招标机构对这些供应商一一评估，会增加招标采购工作量，同时会增加招标的成本。经过资格预审，可以筛选掉大部分不可能中标的投标人，使有资格参加本次采购的供应商数目缩小到合理范围内，从而提高工作效率，降低采购成本。

4. 资格审查是投标人参加投标活动的一道门槛。资格审查的内容是履行政府采购合同的基本条件和保障，是采购人对投标人的最基本要求。只有通过资格审查的投标人才可以参加接下来的评标等环节。

第一节　资格文件的格式和编制方法

根据《政府采购法》和《政府采购法实施条例》，政府采购供应商的资格要求包括一般资格和特定资格。投标人在编制投标文件的时候应当按照政府采购招标文件要求提供资格证明文件。如重庆市财政局印发的《重庆市政府采购货物类招标文件标准文本》（渝财采购〔2017〕35号）对此就有明确要求。

一、政府采购供应商的资格要求

一般资格文件是履行政府采购的诚信保障，是每个政府采购投标人必须具备的基本条件，包括具有独立承担民事责任的能力、具有良好的商业信誉和健全的财务会计制度、具有履行合同所必需的设备和专业技术能力、有依法缴纳税收和社会保障资金的良好记录、参加政府采购活动前三年内在经营活动中没有重大违法记录。特定资格是采购人根据采购项目的特殊要求,规定供应商所具备的特定条件,是按照法律法规提供政府采购标的所必须具备的条件,如建筑施工资格、电力施工资格等。

1.具有独立承担民事责任的能力

本条所称的供应商,从要求的条件看,主要是指企业法人、事业法人或自然人。按照现行有关规定,企业法人和事业法人必须具备以下条件:一是必须依法成立;二是法人的设立程序必须合法;三是有自己的名称、组织机构和场所;四是能够独立承担民事责任。在经济活动中发生纠纷或争议时,法人能以自己的名义起诉或应诉,并以自己的财产作为自己债务的担保手段。规定供应商要具备独立承担民事责任的能力,是供应商参加政府采购活动必须具备的最基本条件,目的是为了保护采购人的合法权益。如果供应商不具备独立承担民事责任的能力,很难保证采购合同的履行,而且一旦出现违约等问题,无法采取补救措施,最终将损害采购人的利益。

根据现行《政府采购法》规定,自然人也可以参加政府采购活动。根据《中华人民共和国民法通则》第十一条:"十八周岁以上的公民是成年人,具有完全民事行为能力,可以独立进行民事活动,是完全民事行为能力人。十六周岁以上不满十八周岁的公民,以自己的劳动收入为主要生活来源的,视为完全民事行为能力人。"但从实践来看,自然人参加政府采购活动很少,主要原因是工程类、服务类基本都涉及履约特定资质,而这些特定资质都是授予企业法人的,自然人不具备投标的基本条件。

供应商如果是企业(包括合伙企业),应提供由工商部门注册的有效的"企业法人营业执照"或"营业执照";如果是事业单位,应提供"事业单位法人证书";如果是个体工商户,应提供"个体工商户营业执照";如果是非企业专业服务机构,应提供执业许可证明文件。

需要注意的是,尽管其他组织可以参加政府采购活动,但法人的分支机构不能独立承担民事责任,不能以分支机构的身份参加政府采购,只能以法人身份参加。但是银行、保险、石油石化、电力、电信等行业有特殊情况的,应根据采购人的采购文件要求,考虑是否参加。

2.具有良好的商业信誉和健全的财务会计制度

良好的商业信誉是指供应商在参加政府采购活动以前,在生产经营活动中始终能做到遵纪守法、诚实守信,有良好的履约业绩,即用户信得过的企业。健全的财务会计制度,简单地说,是指供应商能够严格执行现行的财务会计制度,财务管理制度健全,账务清晰,能够按规定真实、全面地反映企业的生产经营活动。在市场经济条件下,信誉是一个企业的生命,讲信誉、善管理的企业,生命力强,有发展前景,政府应当给予鼓励。而且,将政府采购项目交给这样的供应商办理,能够增强采购人的信心。

供应商如果是企业法人,应提供经审计的财务报告,即资产负债表、利润表、现金流量表、所有者权益变动表及其附注,或者由基本户开户银行出具的资信证明。

3.具有履行合同所必需的设备和专业技术能力

这是保质保量完成政府采购项目必备的物资和技术基础。根据《政府采购法》规定:政府采购合同不能转包,虽然允许分包,但中标或者成交的供应商要全面承担履约责任,即使分包,也应当承担合同的主要部分或者关键部分。因此,参加政府采购的供应商必须具备履行合同所必需的设备和专业技术能力。例如,一些有着装要求的单位,在统一换装时,采购服装的批量大,而且有限定的交货时间,这就要求中标的服装厂必须具有足够数量的制衣设备和技术人员,否则合同规定的服装数量和质量都难以保证。

4.具备依法纳税和缴纳社会保障资金的良好记录

作为供应商,依法纳税和缴纳社会保障资金是企业应尽的义务,是起码的社会责任要求。如果这一点做不到,说明供应商已经丧失了最基本的信誉。《政府采购法》的这一规定,是为了抑制一些供应商依靠偷逃税款、逃避缴纳社会保障资金等手段降低成本的行为,是从源头上促进公平竞争的措施之一。

供应商依法纳税的证明材料主要是指参加政府采购活动前一段时间内缴纳的增值税、所得税等凭据。缴纳社会保险的证明材料是指参加政府采购活动前为本单位员工缴纳社会保险的凭据(专用收据或者社会保险缴纳清单)。其他组织和自然人也需要提供依法纳税的凭据和缴纳社会保险的凭据。依法免税或不需要缴纳社会保险的供应商,应提供相应文件证明其免税或不需要缴纳社会保险资金。

5.参加政府采购活动前三年内在经营活动中没有重大违法纪录

此处所称的在经营活动中没有重大违法纪录,包括高级管理人员犯罪、走私、诈骗等记录。此处提出了“参加政府采购活动前三年内”这一时间要求,一是表明是否有重大违法记录,是衡量一个企业信誉的重要标准;二是由于政府采购是使用财政性资金,采购目的是为社会公众提供服务,因此,从对社会发展和国家负责的角度,也需要对供应商提出要求;三是有违法行为记录的供应商参与政府采购活动也是有机会的,只是要有三年间隔期,并不是永远不能参加政府采购活动。

6.法律、行政法规规定的其他条件

本规定包含的内容较多,如要符合国家的产业政策,要履行环保义务,要保护妇女和残疾人利益等。凡是不符合国家规定和要求的供应商,一律不得参加政府采购活动。

对于特殊行业的供应商,国家还有特别要求。例如,建筑行业的供应商,应当依照规定,取得建筑施工资质。《中华人民共和国建筑法》第十三条规定:“从事建筑活动的建筑施工企业、勘察单位、设计单位和工程监理单位,按照其拥有的注册资本、专业技术人员、技术装备和已完成的建筑工程业绩等资质条件,划分为不同的资质等级,经资质审查合格,取得相应等级的资质证书后,方可在其资质等级许可的范围内从事建筑活动。”至于这些特定条件,应根据采购项目的特殊性而定,有的项目对供应商有资质要求,有的项目有特种设备要求,有的项目有财务状况要求或者特殊专业人才要求等。本规定虽然允许采购人对供应商提出特定条件，但采购人不得通过设定特定资格要求来妨碍充分竞争和公平竞争，制造人为的歧视政策。

二、政府采购资格文件的编写方法

政府采购资格文件是以证明文件形式提交，通常是将该项证明文件的复印件加盖单位鲜章，按顺序整理装订成册。编写政府采购资格文件是为了获得参与评标的资格，不需要将投标人描述得多么优秀，而是要满足基本条件，例如：本公司能履行政府采购合同义务，具备履行政府采购合同的基本条件和资质，不存在违法失信行为。相应地，政府采购投标的资格文件只需要严格对照招标文件的资格条件逐一准备，做到不重不漏、不偏不倚。为提高政府采购评审人员对投标文件的认可度，在编制政府采购投标文件的资格文件时可以按照以下步骤进行：

1. 在目录上按照内容逐项列示资格文件

目录是投标文件的检索页，按照招标文件所要求的投标人资格要求逐项编制资格文件，一是按照标书要求准备能避免资格文件的缺失，做到不重不漏；二是快速定位资格文件，帮助评审人员准确找到相关资格文件，确保不偏不倚。

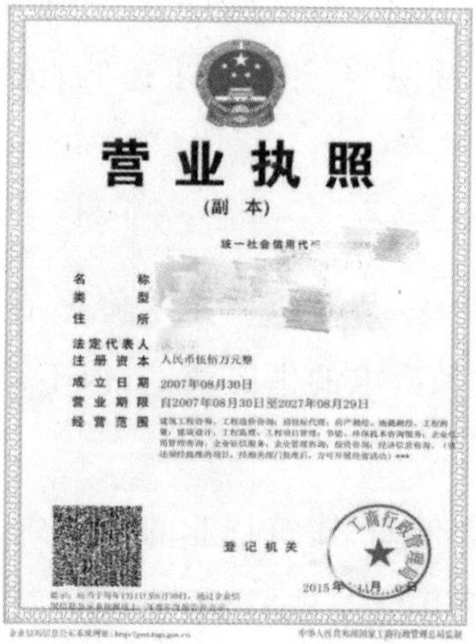

图5-1

2. 按照目录逐项准备资格文件

一般投标文件都是选用国标A4纸，在准备投标资格文件的时候，可以将资格文件扫描，在Word中进行编辑，写上资格文件名称并将资格文件扫描文档归入其中，版式见图5-1。

3.检查装订

再次对照资格要求检查,不得缺、漏、错,并加盖单位鲜章,按页码顺序装订。

第二节　编制资格文件的关键点

一、资料内容完整

投标文件一般包括:投标函、开标一览表、投标报价表、投标产品的方案及详细介绍、技术和商务方面与采购文件的偏离表、投标人的资信证明和采购文件要求的其他资料。投标文件对采购文件提出的要求应做出相应的回答,对采购文件中提出的实质性响应要求必须做出符合要求的回答。特别是"评标办法"中提出的对投标文件初审的"资格性证明文件""符合性证明文件",包括特定资质条件要求投标文件提供的产品在环保、节能、自主创新等方面的证明文件,一个也不能少,都要符合要求。

二、资料内容清晰、准确、完整

投标文件在内容表述上应做到清晰、准确、完整,就是要做到"三个不能"。(一)不能杂乱无章,投标文件如果没有目录,各组成部分次序混乱,会让评标专家耗费时间查找投标文件与采购文件相对应的内容;(二)不能文不对题,就是不能对采购文件的实质性响应张冠李戴、漏洞百出,对质量技术标准和服务要求的阐述词不达意,抓不住主题;(三)不能自相矛盾,其一质量标准自相矛盾,比如前文投标函中的质量标准是"优良",而后文中的质量验收标准却是"合格";其二数据自相矛盾,比如同一数据的小数点不一致,或同一数据的百分比不一致,大写金额与小写金额不一致等。显而易见,杂乱无章、文不对题、自相矛盾的投标文件会影响评审专家对该投标人的履约能力的认可度。

三、资料内容有效

投标文件所提供的内容资料必须真实有效，不能弄虚作假，这是投标人能否参加竞标的基本条件。投标文件所提供的内容资料，在保证真实性、有效性的同时还必须有较强的竞争力。在资格文件的有效性方面，重点要求投标文件中所提供的各类证照、资质证书必须在法律法规所允许的有效期内，不能过期，特别是一些需要每年进行年检的资质证书，其中只要有一年未进行年检，都会导致整个投标文件的无效。

四、格式规范

按照采购文件要求，投标文件应做到顺序正确、文本统一、章印齐全、页面整洁、装订整齐。(一)顺序正确，就是要求按照采购文件中的具体要求排列次序，不能颠倒；(二)文本统一，就是要求投标文件做到字体统一、符号统一、页面统一；(三)章印齐全，就是要求投标文件中该由法定代表人签字并盖章的，必须由法定代表人签字并盖章，其他人不得代替或仿制；该加盖单位公章的必须加盖单位公章，不得以其他章印代替；(四)页面整洁，就是要求投标文件做到没有涂改、折痕、缺损、错别字、明显脏斑；(五)装订整齐，就是要求投标文件要装订成册，该密封的必须密封，该在封面上填写有关项目名称的必须填全项目名称，该标明正本和副本字样的必须标明正本和副本。

第三节　如何评审资格文件

依据政府采购相关法律法规规定，由采购人或采购代理机构对投标文件中的资格证明文件进行审查。只有通过资格审查的投标人方可参加下一阶段的评标。资格审查按照以下内容逐项审查资格文件：

表5-1 资格审查参照标准

<table>
<tr><th>序号</th><th colspan="2">检查因素</th><th>检查内容或证明文件</th></tr>
<tr><td rowspan="6">1</td><td rowspan="6">投标人应符合的基本资格条件</td><td>具有独立承担民事责任的能力</td><td>投标人法人营业执照(副本)或事业单位法人证书(副本)或个体工商户营业执照或有效的自然人身份证明、组织机构代码证复印件(注①);
投标人法定代表人身份证明和法定代表人授权代表委托书</td></tr>
<tr><td>具有良好的商业信誉和健全的财务会计制度</td><td>提供年度财务状况报告或其基本账户开户银行出具的资信证明复印件,本年度新成立或成立不满一年的组织和自然人无法提供财务状况报告的,可提供银行出具的资信证明复印件</td></tr>
<tr><td>具有履行合同所必需的设备和专业技术能力</td><td>投标人提供书面声明或相关证明材料</td></tr>
<tr><td>有依法缴纳税收和社会保障金的良好记录</td><td>1.税务登记证(副本)复印件(注①)2.缴纳社会保障金的证明材料复印件(缴纳社会保障金的证明材料指:社会保险登记证(注①)或缴纳社会保险的凭据(专用收据或社会保险缴纳清单)。依法免税或不需要缴纳社会保障资金的投标人,应提供相应文件证明其依法免税或不需要缴纳社会保障资金</td></tr>
<tr><td>参加政府采购活动前三年内,在经营活动中没有重大违法记录(注②)</td><td>1.投标人提供书面声明(见格式文件);
2.采购人或采购代理机构将通过"信用中国"网站(www.creditchina.gov.cn),"中国政府采购网"(www.ccgp.gov.cn)等渠道查询投标人信用记录,对列入失信被执行人、重大税收违法案件当事人名单、政府采购严重违法失信行为记录名单的投标人将拒绝其参与政府采购活动</td></tr>
<tr><td>法律、行政法规规定的其他条件</td><td></td></tr>
<tr><td>2</td><td colspan="2">特定资格条件</td><td>按投标人资格要求"(二)特定资格条件"的要求提交</td></tr>
<tr><td>3</td><td colspan="2">投标保证金</td><td>按照招标文件的规定提交投标保证金</td></tr>
</table>

备注:

①投标人按"五证合一"登记制度办理营业执照的,组织机构代码证、税务登记证

(副本)和社会保险登记证以投标人所提供的营业执照(副本)复印件为准。

②根据《政府采购法实施条例》第十九条"参加政府采购活动前三年内,在经营活动中没有重大违法记录"中"重大违法记录",是指投标人因违法经营受到刑事处罚或者责令停产停业、吊销许可证或者执照、较大数额罚款等行政处罚。行政处罚中"较大数额"的认定标准,由被执行人所在的省、自治区、直辖市人民政府制定,国务院有关部门规定了较大数额标准的,从其规定。

需要特别提醒的是,资格审查中只有"YES"和"NO"(符合或不符合、满足或不满足),没有任何余地。

第四节　资格文件的常见错误及对策

在政府采购活动中,部分投标人不能通过资格评审,常见错误如下:

一、提供的资格证明文件不在有效期内

资格审查是一项以投标人所提供的资格证明文件为依据的审查活动。投标人所提供的资格证明文件不在有效期内虽不影响该投标人的资格实质,但一定会影响评标专家对该投标人资格的判断。道理浅显易懂,但犯此错误的投标人仍然存在,尤其是一些特定资质的有效期。比如投标文件要求提供最近三年(2017年、2018年、2019年)的财务报表,因工作人员疏忽未更新而提供了之前的(2016年、2017年、2018年)报表等。

在投标实践中,授权投标人代表可能是企业负责销售的工作人员,拿到企业的基本资料后会长期使用,忽视了有效期这一约束条件。建议企业建立投标文件定期更新机制,以及投标文件制作和复核岗位相分离机制,通过企业工作人员的复核检查及时发现和更新相关资料。

二、特定资格类型不符或资质等级不够

由于特定资格类型和等级较多,部分资格文字上相近或因资格等级与数字关系不统一,导致混淆。如建筑施工总承包三级优于二级,但国家保密资格

的一级优于二级。

在获得招标文件后要对投标资格条款特别是特定资格条款逐字审读，必要时与采购人联系咨询。对通过设定特定资格要求妨碍政府采购充分竞争和公平竞争、制造人为的歧视政策的，要善于运用法律手段向政府采购主管部门投诉。

三、资料模糊不清，影响判断

如前所述，资格审查是以投标人所提供的资料为依据的审查活动，但部分投标人的资格文件反复复印，或者使用劣质材料打印复印，以致所提供的材料模糊不清，直接影响专家、采购人或代理机构的判断，甚至因此而丧失中标机会。

投标人应当认真对待资格审查文件的制作，提供清晰可辨的资格审查文件，有条件的单位可以扫描保存相关资料，避免因反复复印导致资料模糊的情况发生。投标人在对投标资料加盖公章的时候应当再次检查核对，对模糊不清的资料应当拒绝盖章。

第六章 编制技术文件

技术文件是投标人对于自身的情况、能力、业绩的说明以及针对该项目提出的技术方案等汇总。此部分文件围绕“技术”二字展开说明，一切都是为了传达出投标人具备投标要求的专业能力的信息，并提供专业设计方案以满足招标需求。

从这个角度出发，投标人需要很好地理解招标文件中对于技术要求的种种明确规约，并对每一个规约做出实质性响应，围绕采购人的现实诉求把握重点、覆盖要点地进行投标准备。

第一节　编制技术文件的流程及关键点

一、技术文件编制流程

投标工作人员应学习和研究技术文件编制流程，按照流程逐步编制，减少编制差错，提高编制效率。

编制技术文件的流程如下：

第一步，从相关网站或招标代理机构处获取招标文件及相关图纸。

第二步，认真研究招标文件，关注提示的几个重点内容，必要时需对现场进行勘查。虽然现场勘查不是政府采购流程中必需的程序，但某些项目特别是一些需要施工的项目需要进行现场勘查。某项目包含安装服务，就要考虑工地是否需要进行现场拆除，拆除后安装、运输环境如何，自然条件是否满足，是否存在特别管制的地方，是否存在噪声管制，是否有工作时间限制等问题；比如某项目在某中学附近，而项目实施的日期就在高考期间，那就需要考虑工作的时间、噪声限制等问题。其他，例如物业有特别要求，清运垃圾有特别规定等，这些也需要提前考虑到。

第三步，投标人现场勘查后如有疑问，需要向采购人提出。采购人需要向潜在的投标人进行统一答疑，形成补遗文件。这里需要关注的是采购人设定的技术是否脱离了采购项目的具体特点和实际需要，某技术参数是否为特定产品独有，从而排斥其他供应商。如果存在上述情况，投标人就可以向采购人提出疑问，要求采购人进行答复。

第四步，根据手上的资料编制技术文件大纲。

第五步，会同技术人员及技术主管、商务经理，讨论大纲并形成总体方案。

第六步，根据大纲及总体方案，收集相关资料。

第七步，利用相关资料编制方案。

第八步，讨论技术方案并定稿。

第九步，检查并排版。一个人做方案难免有疏漏，在拟好方案后，再交叉检查一遍，后交领导审核，审核无误后，按照招标文件排版装订。技术文件编制流程见图6-1。

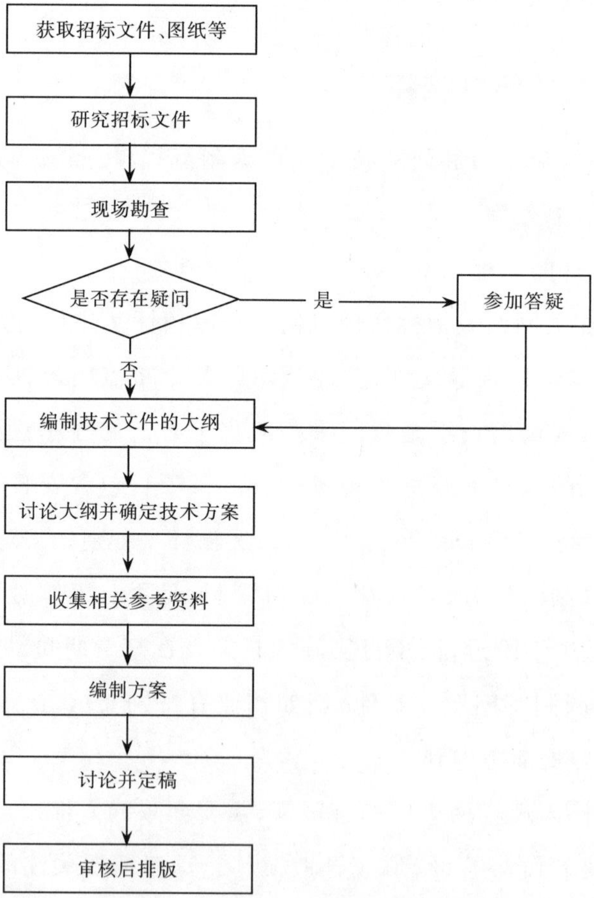

图6-1　技术文件编制流程图

二、技术文件编制依据

编制技术文件需要相关依据，不是凭空生成的。没有任何依据编制的技术文件是空中楼阁。下面介绍编制技术文件的主要依据。

(一)招标文件、补遗文件

招标文件是我们编制技术文件的主要参考资料，需要我们对项目进行分析计算。有些项目有补遗文件，这些补遗文件或者是针对潜在投标人疑问进行的解答，或者是采购人自己的补充规定，往往是非常重要的信息。投标人需要充分利用招标文件和补遗文件进行技术文件的编制。

先来看看政府采购项目中对于技术部分的要求。

以重庆市货物采购公开招标的范本为例，我们研究发现，范本中以下部分是关于技术要求的，在编制技术文件的时候需要投标人重点研究。

1.技术参数及质量要求

第二篇 项目技术规格、数量及质量要求

一、招标项目一览表

分包1:

<table>
<tr><th>序号</th><th>产品名称(设备名称)</th><th>数量/单位</th><th>备注</th></tr>
<tr><td>1</td><td></td><td></td><td rowspan="5">1.×××为核心产品(非单一产品采购时适用)
2.本分包投标产品必须为中国大陆境内生产(或者:本分包经批准可以采购进口产品)</td></tr>
<tr><td>2</td><td></td><td></td></tr>
<tr><td>3</td><td></td><td></td></tr>
<tr><td>4</td><td></td><td></td></tr>
<tr><td>…</td><td></td><td></td></tr>
</table>

二、招标项目技术需求

(一)分包1:

……

图6-2 重庆市货物采购公开招标范本对技术参数的要求

采购文件的技术参数是采购人最为关心的问题，采购人要购买怎样的商品、得到怎样的服务，都是在这部分提出要求。对于关键产品、关键技术参数，采购人还会用星号表示，以提醒投标人注意。投标人应仔细阅读采购人对产品的要求，检查自己是否能满足、是否存在疑问。如果有疑问，需要马上向采购人提出，要求采购人进行书面答复。

图6-2中提到了核心产品。关于核心产品的问题是《政府采购货物和服务招标投标管理办法》第三十一条提出来的，"非单一产品采购项目，采购人应当根据采购项目技术构成、产品价格比重等合理确定核心产品，并在招标文件中载明。"

规定核心产品是为约束相同品牌的投标人之间的竞争。核心产品重在核心二字，从字面意思上理解就是主要的、中心的部分，是针对非单一产品采购提出的要求。对于单一产品的采购项目，不存在核心产品的问题，比如购买某单一医疗设备，只要投标人投标的医疗设备是同一品牌的，就可以认定为属于同品牌的投标人。

《政府采购货物和服务招标投标管理办法》未对不同经销商提供同一制造商生产的不同品牌产品的情形进行约束。在政府采购货物招标实践中，同一制造商下拥有不同品牌的同类产品的情形也较为常见，如海尔集团拥有海尔、统帅和模卡三个品牌的电视产品。

不同经销商使用同一制造商生产的不同品牌产品参加同一项目竞标，不属于《政府采购货物和服务招标投标管理办法》第三十一条规定的"提供相同品牌产品的不同投标人"参加同一项目投标的情形，不能适用该法条的规定。因此在招标采购实践中，如出现上述情形，由于不同经销商之间系独立的法人，彼此之间存在相互竞争关系，应当依法认定其为多家供应商，而不能根据《政府采购货物和服务招标投标管理办法》第三十一条规定的评标方法取报价最低的参加评标或按一家投标人计算。

同一经销商使用同一制造商生产的不同品牌产品参加同一项目竞争，该情形亦属于"一标两投"，属于无效投标。

使用综合评分法的采购项目，提供相同品牌产品且通过资格审查、符合性审查的不同投标人参加同一合同项下投标的，按一家投标人计算，评审后得分最高的同品牌投标人获得中标人推荐资格。

例如：某项目经综合评审，提供A品牌的甲、乙、丙三名经销商综合得分排名前三，提供B品牌的丁、戊两名经销商综合得分排名为第四和第五，提供C品牌的己、庚两名经销商综合得分排名为第六和第七。如本项目招标文件规定的中标候选人家数为三家，则依据《政府采购货物和服务招标投标管理办法》的规定，评标委员会应当推荐甲、丁、己三家经销商为排名前三的中标候选人。

2.评分标准中的技术部分

（一）评审因素

序号	评分因素及权重	分值	评分标准	说明
2	技术部分（…%）	……	……	……

图6-3　重庆市货物采购公开招标范本评审标准（综合评分法）

技术部分相对于整个评审标准而言权重很高，是采购人和评审专家最关心的问题。很多项目设置了基本评分，达到项目技术参数规定的要求，就可以得到基本分。在此基础上，设置加分和扣分条款。技术参数和配置高于招标要求的，就可能得到加分，如果一般技术参数配置低于招标要求的就要被扣分。关键技术参数低于招标要求的，一般该项就是零分，甚至失去候选人资格。

3.投标文件格式

投标人应按照投标文件的格式要求编制投标文件，对采购人的招标要求进行实质性应答。在编制技术条款差异表时，投标人尽可能找到一些正偏离的因子，在投标中多得分。

二、技术文件

(一)所投各产品的技术参数(或技术指标)

(二)所投各产品进入当期国家节能、环保清单目录的证明文件(如果有)

说明:节能、环保以财政部等部门发布的最新一期《节能产品政府采购清单》和《环境标志产品政府采购清单》为准(投标人须提供所投产品在《节能产品政府采购清单》和《环境标志产品政府采购清单》中相应页面的打印或复印材料,未按要求提供的不得分)。

(三)技术条款差异表

招标项目名称:

序号	招标要求	投标应答	差异说明

投标人:　　　　法定代表人或法定代表人授权代表:

(投标人公章)　　　　(签字或盖章)

年　月　日

图6-4　重庆市货物采购公开招标范本中技术文件投标格式

(二)采购项目施工图纸

如果该项目涉及施工,图纸也是编制技术文件的重要依据。比如投标人参加实验室污水排放系统的投标时,就需要购买实验楼的平面图和污水管道管网图。投标人要根据平面图和管网图制定技术方案。

(三)现场勘查情况

投标人需勘查现场的施工环境、运输环境、自然条件、噪声管制、工作时间等。任何方案的设计,都要落实到具体的环境中,现场环境的障碍,往往会导致设计需要修改。考虑具体情况,投标人应亲自去现场勘查,得到第一手的素材,为制定有针对性的技术方案做准备。

(四)国家现行的规范、验收标准、施工管理规定

国家现行的规范、验收标准是投标人编制技术文件的重要依据。有的放矢,依靠国家规范,针对验收标准来编制技术文件,这样制定出来的有目标、有

计划的技术方案就可能得到评委的加分。

三、技术文件编制的要求

技术文件是投标人水平和整体实力的体现,直接影响投标文件的综合质量。编制招标文件前,投标人应召开一个技术主管参加的会议,提出初步设想或技术方案,找出重点难点,并对方案进行讨论、比较分析、研究,最后形成一个统一的、合理的投标技术方案。技术文件方案要解决几个问题:

1.Why:背景分析,采购人为什么要立项招标这个项目,即项目有什么问题需要解决。

2.Why:公司分析,采购人为什么选择本单位来做,本单位的技术实力优势,案例经验在哪里等。

3.How:本单位如何帮助采购人解决问题。

4.When:什么时候解决,即项目实施的时间、进度安排和工作计划。

5.Who:哪些人解决,即本单位的人员优势,项目经理的业绩和资历。

6.Where:在哪里解决,解决工作地点的问题。

四、编制技术文件关键点

综合上文的内容,投标人要做好投标文件的技术文件需把握以下几个关键点。

1.做到图表文并茂。用图、表代替许多文字说明,便于专家理解。

2.精心制定技术标目录(再次强调目录,目录真的很重要,目录就是导航仪,专家从目录就可以看到投标人对于项目的理解程度),目录的大小标题错落有致,一定要有页码。专家评审过程中,看大的点,看细的点。这样的技术标就比较容易得分。

3.制定好项目实施计划。

4.做好组织管理的安排,附上项目经理的简历、资格证书,有利于提高分数。

5.最后做好技术文件的排版和装订工作。技术文件装订也是需要特别关注的。有些项目特别是一些服务类项目的招标文件，需要技术标是暗标。如果没有按照招标文件的要求装订，就有可能成为无效投标。

(一)使用招标文件约定的封面、封底及装订编杆，在规定的位置按要求填写单位名称、盖章并密封； (二)图一律采用电脑绘制，黑色打印，白色纸张，大小不限； (三)文本一律采用A4规格的白色纸张；文字为4号简写宋体，黑色打印，不得出现手写； (四)页码采用小5号阿拉伯数字标明在页脚的右下角处，除此以外，页眉、页脚处不得划线或作其他任何标识； (五)版面整洁、字迹清楚、不许涂改，不得作任何标识或暗示该投标人单位名称或人员姓名的标记，也不得采用任何不符合常规、有别于其他投标人的特殊做法。

图6-5　××单位招标文件对技术文件的装订要求

比如××单位采购货物的装订标准是“每套纸质”“经济技术商务文件”和“资格文件”须分别用粘胶合并装订成册，不得采用活页夹装订，并在封面清楚地标明“项目编号”“项目名称(若项目实行分包招标，须含分包号和分包名称)”“投标人名称”“正本(或副本)”“经济技术商务文件(或资格文件)”等。

采购人提出对于投标文件的装订和排版有特殊要求的，一定要按照采购人的要求装订技术文件。

五、设置目录、加强校对

根据目录顺序进行整理，要有耐心不急不躁，并统一设置页码，最后进行目录的编制工作。为了让专家便于查找章节，除了在目录中编写页码外，还应该在每个章节之前加引导页。

校对工作要仔细，投标人要根据编写情况重新进行分工校对，保证标书不犯简单的错误。在标书全部校对无误后，进行统一装订，逐页检查打印过程是否有空白页，是否出现页码混乱。

第二节　评审专家如何评审技术文件

政府采购评审专家一般是按照以下步骤对投标文件的技术文件进行评审的。

一、阅读

仔细阅读招标文件中关于技术部分的要求、采购项目的技术参数、评分标准以及格式要求。

二、查看

查看投标文件，先看目录，目录非常重要。

根据目录查找招标文件中的要求是否得到满足。用评分标准进行对标。查看技术条款差异表，如表6-1所示。

表6-1　技术条款差异表

招标项目名称：

序号	招标要求	投标应答	差异说明
	A技术要求	A技术应答	无偏离/正偏离/负偏离

三、对比

阅读技术文件中项目的实施方案并进行横向比较。重点检查实施方案是否存在不合理的地方，有些技术方案泛泛而谈，没有针对性，几乎可以用在任何一个项目上。这种项目方案也很难得到高分。

四、审阅

审阅项目方案的可行性，投标人对项目实施方案的表述是否准确，对产品的售后情况、售后体系的说明是否到位。

五、评分

按照评分标准对投标文件进行评分。对于具体的指标有按照评分标准给分。这个环节中，如果投标人递交的技术文件有引导页，方便专家查找相关文件在哪一页，专家往往会给这样的投标文件评高分。相比较那些指标混乱的投标文件，目录整齐、清晰，方便查找的投标文件更受评标专家的青睐。

第三节 技术文件常见错误

根据评审专家在评审过程中发现的问题，可以归纳出投标人在编制技术文件时常见的错误。

一、招标文件说什么，投标文件就写什么

投标人对招标文件的采购需求只进行形式上的响应，未能进行实质性响应。比如某单位货物采购，招标文件要求该货物的功率大于200W，投标文件的响应也是该货物的功率大于200W。实际上，这种响应不是一种明确的、具体的响应，只是一种形式上的响应。投标人所投的货物是明确而具体的，其功率是固定的，不可变动的。投标人原封不动地复制招标文件的采购需求的方法是不可取的。专家认为这实际上违反了投标人对采购需求进行实质性响应的要求，面临被废标的风险。

二、招标文件与投标文件互相矛盾

招标文件中采购需求是一回事，投标文件对采购需求的响应却是另外一回事，没有回应采购人的需求，顾左右而言他。

投标文件响应的技术参数前后不一致，施工方案前后矛盾。投标文件前文报价提供的A产品，后文技术参数又说提供B产品；前文技术参数提供的A产品，质检报告却提供的是C产品。

三、格式问题

技术文件的格式不符合招标文件的要求，这在很多投标人看来是很不重要的问题，但是在评审过程中却显得非常重要。特别是对技术文件要求是盲评的项目，不允许对技术文件有任何记号，不能盖章、不能有彩色、不能手写、不能出现单位或者人名，一旦违规，立即出局。所以投标人一定要认真阅读招标文件，按照招标文件提出的格式要求来编制技术文件。因为格式原因导致出局，白辛苦一场，就太不划算了。

四、存在常识性错误，缺少针对性、完整性、对应性

技术文件出现常识性错误，比如投标文件中没有填写质量、安全、工期目标；有些目标与招标文件规定不一致；或者使用了其他项目的投标文件中的质量、安全、工期目标；投标文件的技术文件应该针对本项目，但评审专家全文都找不到实施方案与本项目的关联。

五、抄袭

有些编写标书的工作人员在编制标书的过程中到处复制，以致出现网上复制的，连项目名称都没有修改的现象。有些项目收到的标书中，几家都是从网上下载的，结果出现雷同的现象，被怀疑是串标。

六、忽视★问题

某政府采购代理机构受一采购人委托，按照要求组织竞争性谈判工作。代理机构根据采购人的技术需求编制了谈判文件，成立了谈判小组，采购人最终审核确认了谈判文件。甲、乙、丙、丁四家公司均按时递交了响应文件，文件密封完好。

谈判小组在对响应文件进行评审时发现，乙公司响应文件“某支付系统接口”不能完全符合谈判文件要求的“某支付系统接口须对接原有的四个系统”的规定。谈判时，乙公司口头承诺若其能够成为成交供应商，其将按照谈判文

件的要求无缝对接采购人原有的四个系统。最终谈判小组认为该支付系统接口属于该平台一个关键的技术参数,属于必须完全响应的条款,若不满足,将导致整个平台无法使用。乙公司口头承诺无法保证其响应该条款,由此确定甲公司为成交供应商。(四家公司报价为:甲公司报价为25万元,乙公司报价为20万元,丙公司报价为26万元,丁公司报价为30万元。)

乙公司得知成交结果后,向代理机构提出质疑,认为其产品满足谈判文件实质性要求且报价最低,甲公司获得成交资格不合理。

政府采购代理机构在质疑回复中称,乙公司提供的产品无法与原有的四个系统对接,口头承诺无法保证响应该条款,不能满足项目要求。乙公司对质疑答复不满意,遂向相关财政部门提出投诉。

财政部门经调查发现:谈判文件中规定"下文标示★的条款为不可偏离项目,要求完全满足,部分满足视同不满足,将被视为实质性不响应要求"。而谈判文件中"某支付系统接口须对接采购人原有的四个系统",标注了"★",乙公司的响应文件中的"四个接口"中有"三个接口"完全响应谈判文件,乙公司在谈判过程中作出承诺,如果其能成为成交供应商,其产品将按照谈判文件要求无缝对接原有的四个系统。评审结果记录中显示,谈判小组认为乙公司未能完全响应采购人要求,推荐甲公司为成交供应商。

财政部门据此作出裁定:乙公司投诉事项不成立,此次成交结果有效。

本案例反映了供应商未能满足标记了"★"的关键指标而失去了中标机会。

第七章

编制商务文件

投标文件中的商务文件主要是针对招标方所需货物或者服务给出的说明，首先要在符合采购方商务要求的基础上报价并证明其合理性，其次对自己实力和商业信誉做出说明。

第一节 编制商务文件的流程及关键点

一、编制商务文件的流程

采购文件中的商务文件是指在商业事务方面对供应商的要求。商务条件没有严格的划分标准，一般与技术文件互为补充，通常包括合同生效条款，履约保证金条款，原产地要求，合同标的交付时间、地点和条件，合同标的工作进度要求，运输、保险条款，验收条款，付款方式、进度比例条款，责任划分条款，质量保证期的要求，合同修改条款，违约和索赔条款，知识产权、专利、技术转让和仲裁、诉讼条款等。

学习和研究编制商务文件的流程，可以让投标人轻松解决商务文件编制过程走到哪一步了，下一步该如何走下去的问题。编制商务文件的流程与编制技术文件的流程类似，但需要解决的问题不同，所以流程也略有区别。

编制商务文件的流程：

第一步，从相关网站或招标代理机构处获取招标文件。

第二步，认真研究招标文件，关注后文提示的几个重点内容。

第三步，现场勘查或电话了解投标项目的现场情况、运送地点、施工情况、业主面临的技术困境等问题。

第四步，现场勘查后如果有疑问需要向采购人提出，采购人会向潜在投标人进行统一答疑，形成补遗文件。

第五步，根据项目的招标文件、补遗文件、勘查到的信息等编制商务文件的大纲。

第六步，商务部门经理及技术部门主管开会，讨论大纲并形成总体方案，确保技术文件和商务文件一致，不能各说各话。

第七步，根据大纲及总体方案，收集各种相关资料。

第八步，利用相关资料编制方案。

第九步，讨论商务方案并定稿。

第十步，检查并排版。一个人做方案难免有疏漏，拟订方案、内部交叉检查后交领导审核，审核无误根据招标要求排版。商务文件编制流程见图7-1。

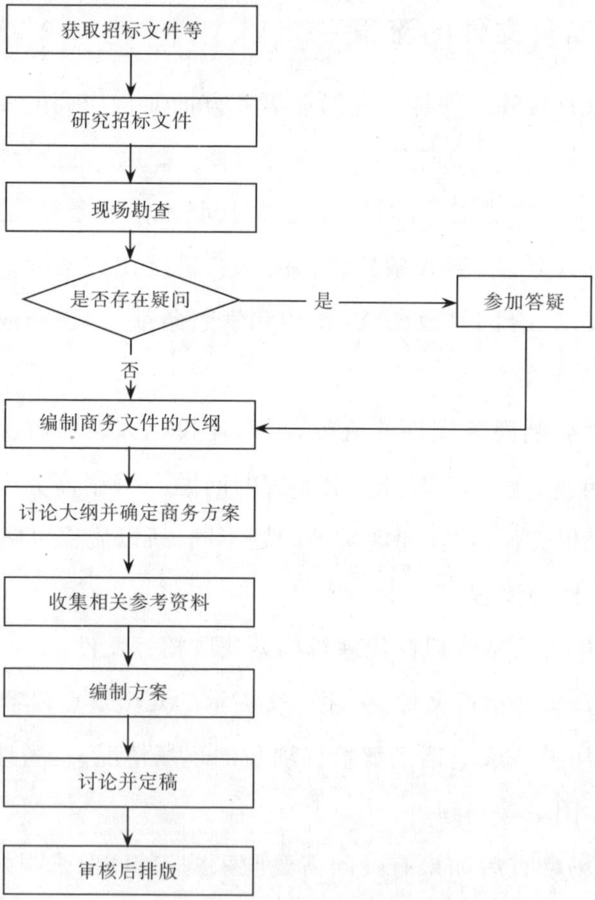

图7-1　商务文件编制流程图

二、编制商务文件的依据

商务文件编制的依据就是招标文件，重点是招标文件的商务条款差异表、评分表。投标人应仔细研究招标文件的具体内容，对招标文件的要求进行具体详尽的描述，提供相应的资质及业绩证明等材料。

编制商务文件的重要方法就是对标。对哪些标呢，下面以重庆市货物采购公开招标的范本为例进行讲解。

(一)采购文件中的项目商务要求

项目商务要求

一、交货期(或为：实施时间)、交货地点(或为：实施地点)及验收方式

(一)交货期(或为：实施时间)

中标人应在采购合同签订后__个日历日(工作日)内交货并完成安装调试。

(二)交货地点(或为：实施地点)

交货地点：……(具体地址)。

(三)验收方式

……

二、报价要求

本次报价须为人民币报价，包含：……

三、质量保证及售后服务

(一)产品质量保证期……

(不能低于国家强制标准)

(二)售后服务内容

……

四、付款方式

……

五、知识产权

采购人在中华人民共和国境内使用投标人提供的货物及服务时免受第三方提出的侵犯其专利权或其他知识产权的起诉。如果第三方提出侵权指控，中标人应承担由此而引起的一切法律责任和费用。

六、附件、图纸及包装要求

……

七、其他商务要求内容

……

图7-2　重庆市货物采购公开招标范本对项目的商务要求

项目的商务要求，大部分内容是在这个地方提出来的，作为投标人，必须认真仔细地研读。

1.掌握采购项目的交货期，看看采购文件写的是工作日还是日历日。如果

是日历日，每一个日历日算一天，那么一周就应该按七天算。而与之相对应的是工作日，就是在计算时把一周时间算成五天，要除去法定的节假日。投标人应判断采购人是否存在赶工期的情况，投标人是否能在合同签订后响应的工作日内完成，有没有提前的可能。提前一天交货也是一个正偏离。

2. 掌握交货地点，判断交货地点是否交通方便，是否存在向多个地点交付的问题。一些需要施工的项目，就要考虑到施工地的情况，比如垃圾清运、噪声管制、施工时间等。

3. 掌握验收方式。大多数项目，技术要求不高且品牌、型号、规格明确，通常由采购人自行验收，有些项目是在合同中约定验收方式。但是一些重点项目，采购人会组织专家组对项目进行验收。

4. 售后服务。很多项目的采购文件关于售后服务都是范本中的格式条款，比如电话咨询、现场服务、技术升级、质保期外的服务等内容。如果采购人对这些格式条款内容进行了修改，专门提出了售后的要求，我们就需要重点关注。

5. 付款方式即项目付款程序。如果是财政集中支付，就需要填写固定格式的政府采购验收报告，开具发票和合同原件交给采购人或者采购代理机构，凭上述资料各一份和发票复印件(加盖采购单位财务章)等，向财政部门申请付款。

如果是单位自筹资金，就由采购人自行付款。验收合格后，投标人开具发票，向采购人申请付款。有些项目要求投标人缴纳履约保证金，在合同签订后，投标人就必须按照合同约定的金额支付保证金。在项目验收完成后，采购人退还保证金。有些项目要求投标人缴纳质量保证金，这就需要我们先支付一笔质量保证金，采购人收到质保金后，才会支付合同款项；或者是按照合同约定，扣除一定比例的质量保证金后支付余款。

其他内容，一般都是格式条款，如果没有变化，可以不必重点细读。

(二)投标函的编制

投标文件格式要求

(一)投标函(格式)

招标项目名称:______________________

致:________(采购代理机构名称):

________(投标人名称)系中华人民共和国合法企业,注册地址:____________。

我方就参加本次投标有关事项郑重声明如下:

一、我方完全理解并接受该项目招标文件所有要求。

二、我方提交的所有投标文件、资料都是准确和真实的,如有虚假或隐瞒,我方愿意承担一切法律责任。

三、我方承诺按照招标文件要求,提供招标项目的技术服务。

四、我方按招标文件要求提交的投标文件为:投标文件正本1份,副本1份,电子文档1份。

五、我方承诺:本次投标的投标有效期为90天。

六、我方投标报价为闭口价。即在投标有效期和合同有效期内,该报价固定不变。

七、如果我方中标,我方将履行招标文件中规定的各项要求以及我方投标文件的各项承诺,按《中华人民共和国政府采购法》《中华人民共和国合同法》及合同约定条款承担我方责任。

八、我方未为采购项目提供整体设计、规范编制或者项目管理、监理、检测等服务。

九、我方理解,最低报价不是中标的唯一条件。

十、我方同意按有关规定及招标文件要求,缴纳足额投标保证金。

十一、若我方中标,愿意按有关规定及招标文件要求缴纳招标代理服务费和交易服务费。

(投标人公章)

年 月 日

图7-3 重庆市货物采购公开招标的招标函格式要求

投标人应按照格式填写投标函,了解需要投标文件的份数、投标的有效期等格式内容,最后落款并盖上公章。

(二)商务条款差异表

招标项目名称:

序号	招标商务要求	投标商务应答	差异说明

投标人: 法定代表人或法定代表人授权代表:

(投标人公章) (签字或盖章)

年 月 日

注:

1.本表即为对本项目“第三篇 项目商务要求”中所列商务条款进行比较和响应;

2.该表必须按照招标文件要求逐条如实填写,根据投标情况在“差异说明”项填写正偏离或负偏离及原因,完全符合的填写“无差异”;

3.该表可扩展。

(三)商务承诺(包括但不限于):

1. ____________;

2. ____________;

3. ____________;

4. ____________。

图7-4 重庆市货物采购公开招标商务条款格式要求

商务条款差异表中,第二列就按照招标文件项目商务要求(范本中第三篇项目商务要求)的所有内容进行一一罗列,第三列根据提供商品或服务的情况进行具体明确的阐述，第四列填写差异说明，交待正偏离、负偏离的情况及原因，完全符合就填无差异。这部分要注意的是，有些项目是不允许出现负偏离的，如果有负偏离就会被判为废标。投标人要认真分析采购文件是如何规定的。

3	商务部分	售后服务（ %）			
		履约能力（ %）			
		……	……	……	……

图7-5　商务条款差异部分

评分标准中商务部分的细则是评委专家打分的标准。投标人需要根据评分标准，逐条落实，响应的内容要有具体的附件佐证。

对照招标文件的要求一条一条地落实，同时要与技术文件保持一致。这一点，在后面交叉检查时一定要高度重视。

商务文件最后形成的文件（格式）大致如下：

评标索引页（索引根据标注章节号或者页码的方式） 投标函 投标一览表 法定代表人身份证明 法定代表人授权委托书 商务条款偏离表 各种资格证明文件（比如质量管理体系认证、环境管理体系认证、职业健康安全管理体系认证等，根据采购评审的需要提供附件） 业绩证明材料 项目成员表，根据项目的规模和特点，投标人拟投入相应的项目经理、技术负责人和管理人员。对人员分别设定任职资格条件，且具有担任类似项目的业绩经验等。

三、关于报价

政府采购项目报价是个不得不说的问题，但政府采购的报价却与工程项目的报价有很大的区别。工程招投标的报价可以采用不平衡报价法等多种报价形式，而政府采购项目的价格只能有一种报价方式，且不能超过最高限价。对于报价，要了解本项目采购人的预算和支付方式。供应商需要准确地核算项目的软成本，软成本主要是本项目的人力成本、差旅费、利润点、运行维护费等。对于商务要求中合同标的的交付、工作进度安排、安装、调试、验收、质保等对供应商而言风险比较大，供应商往往会将不利因素和风险列入成本，通过提高报价抵御风险。

对于投标人来说，既想中标又想获得更多的利润。但是投标报价高，中标的概率就会减小。因此，投标人在报价时往往非常矛盾。如果没有掌握好这个度，就会导致无法中标，白忙一场。投标价格的定位应考虑以下几点：

1. 尽量通过各种渠道了解主要竞争对手的情况。

2. 正确判断自己的优势和劣势。

3. 确定判断的策略，是赚钱还是以占领市场为主。

4. 了解项目情况。如果这个项目已经流标多次，那么是不是采购人对价格已经不那么敏感了。

5. 如果是竞争性谈判这种需要二次报价的采购形式，在第一轮报价时，可以有所保留，在第二轮报价的时候，再公布自己的底价。

总之，价格是个非常复杂的问题，涉及的方面非常多，一定要谨慎对待。

第二节　评审专家如何评审商务文件

商务文件是投标人实力和能力的体现，评审专家在评审商务文件时重点是检查投标人能否有实力满足采购人的要求。

一、检查商务条款偏离表

（一）是否对采购人的要求全部进行了响应，是否为实质性响应。是否有负偏离，负偏离是扣分还是废标。针对询价、竞争性谈判、单一来源采购等采购形式，商务条款是不能负偏离的，如果有负偏离，那么是要直接废标的。是否存在正偏离，正偏离是否合理。比如采购人要求的工期是30天，投标人应答的工期是10天。虽然这是正偏离，但这种应答是否合理，评审专家会进行考量。

表7-1　商务条款差异表

招标项目名称：

序号	招标商务要求	投标商务应答	差异说明
1	A要求	A应答	无差异/正偏离、负偏离

（二）检查商务文件评审表签字盖章是否齐全，是否有瑕疵。明确要求是加盖公章就必须加盖公章，不能是合同专用章、投标专用章、财务专用章等。签字或盖章可以签字或者盖章，如果是要求法定代表人签字没有说盖章就必须由法定代表人签字，法定代表人授权代表就不能签字，也不能使用印章。

二、对照评审表，逐项评分

评审专家对照评审表逐一审查，看内容是否完整、项目附件是否齐全有效。

（一）对照审查相关资料盖章、签名是否齐全。

（二）审查企业法人营业执照、质量管理体系认证、环境管理体系认证、职业健康安全管理体系认证、勘察设计类资质、生产或制造类资质、建筑施工类资质、机电安装类资质等等是否有效。

（三）审查财务信息是否真实有效。

（四）审查投标人的业绩是否真实。

第三节　商务文件编制中的常见错误

根据评审专家在评审过程中发现的问题，可以归纳出投标人在编制技术文件时常见的错误。

一、投标报价函和分项明细不一致

投标报价函与分项明细表不一致的情况，可能是投标人在编制过程中检查不细致造成的。这种情况评审专家会按照报价函(开标一览表)上的价格计算，如果投标人开标一览表上的价格是错误的，那么投标人就有可能错过了这次机会。

二、签字盖章不完善

签字盖章有瑕疵。投标函乃至全部投标文件中加盖的不是投标人的行政公章，而是合同专用章或投标专用章(一般而言，此两种印章均由投标人的业务部门如营销部或驻外经销处等保管使用，此两种印章的管理相对松散)，并且投标人没有出示加盖行政公章说明合同专用章或投标专用章有效性的证明函。应该由法人签字的地方缺少法人的签字。

三、证照过期

投标人提供的营业执照信息，有利于采购人知晓自己所采购的项目是否在投标人的经营范围之内、营业执照记载的与授权委托书中签名的法定代表人姓名是否一致等。

质量体系认证书有效期限过期或剩余有效期限不足以满足拟签订的合同期限。在历次开标过程中，遇到过许多起质量体系认证书过期的现象，究其原因有二：(一)投标时恰好过期，续期(或称展期)尚在办理当中，新证书还没有办理下来；(二)投标人根本不重视该证书的实质意义，马马虎虎，只是按惯例或要求出示证书的复印件，即便是自己已经有了新的证书，还依然在商务标书中装订旧的证书。

对于现有证书的“剩余有效期限不足以满足拟签订的合同期限”的现象，招标人应该给予充分关注。如果该投标人中标，那么投标人应该要求中标人在合同期内及时提供续期证明，以其作为招标采购项目质量保障的措施之一。

前述的证照与资质证明材料都是在解决招标人招标采购的项目中，投标人“能不能干好”的问题，是一种静态的回答。

四、财务信息无用

财务信息则是用数据在继续回答这个招标采购项目在“干的过程”中能不能让招标人放心，是一种动态的回答。

下面用几个财务信息来分析投标人的经营状况。第一，连续若干年（一般为近三年）的营业额可以区分出投标人群体中“谁弱谁强”，特别是对业务范围相同或相近的投标人群体做对比更有实质性的意义。第二，资产负债率体现了对招标人预付资金安全性的保障，过高的资产负债率让招标人面临中标人不能按期履约的较大风险，招标人可以要求资产负债率较高的投标人增加履约保证金。第三，销售净利率从一个侧面反映了投标人的“自信度”，太低的销售净利率让招标人感到投标人在“惨淡经营”。

投标人将用于营业执照年检的审计报告或者用于企业所得税汇算清缴的审计报告替代年度财务报表审计报告。前两类审计报告分别适用于工商行政管理机关对企业营业执照的年检、国家税务总局对纳税人应缴年度企业所得税的审计，不适用于招标人对投标人整体财务状况的评判，相关信息不可采信。出现该现象的主要原因是投标人不知晓招标人关注审计报告的目的是什么。

审计报告后附财务报表没有中介机构的审核签章。没有中介机构审核签章的财务报表，或者财务报表加盖的是中介机构的骑缝印章，经过复印一般都模糊不清，这两类财务报表都是中介机构“生产的不合格产品”，均不可采信。审计报告与财务报表出现了“两张皮”，甚至可能出现为了粉饰较好的经营成果随意更换造假的财务报表的情况，给招标人带来较大的潜在风险。

财务信息“陈旧”,没有可利用的价值。招标文件一般要求投标人提供近3年经过审计的财务报表,可是有的投标人提供的财务报表比较“陈旧”。比如参加2018年6月份的招标项目,投标人提供的却是2013—2016年的财务报表,如果招标人计算投标人的资产负债率,最近的2016年12月31日的财务数据已经过去了18个月之久,计算结果没有多大的参考价值,失去了实质性的意义。

五、业绩伪造作假

资质是从行政许可角度解答投标人对招标人的“活儿能不能干得了”,业绩则是从实践角度回答“相同或相似的活儿干了多少、干得怎么样”。

专家评审时要防止投标人编造虚假业绩、“涂脂抹粉”蒙混过关。投标人展示业绩除了列示业绩清单,更重要的是出具支撑业绩的相关文件,诸如记载有结算信息的发票复印件或者投标人与他人的商务合同复印件等。该类文件由于都涉及投标人的商务秘密,投标人可以在原件基础上适当遮挡单价及价款信息后再复印。但是如果评审项目要求提供合同总价信息,这些地方就不能遮挡复印了。

评审投标人业绩信息的真实性,看似简单其实又很复杂,其复杂性在于:(一)评标现场几乎难以核查,因为没有可靠的核查途径;(二)评标前后不可能逐一核查潜在投标人或投标人拥有的业绩。

六、泛泛而谈,没有针对性

项目方案泛泛而谈,通篇没有针对性,没有切中项目的实际情况,不具有可操作性。一份放在任何一个投标文件中都可以使用的项目方案是没有任何用处的,对采购人来说,这样的投标人对该项目没有明确的思路和规划,有可能给将来项目的实施留下隐患。而一份符合政策法规、有针对性、切中要点的项目实施方案则会给评委留下好的印象,给投标人自己加分。

第八章

如何有效地进行投标

一般意义的投标就是从递交投标文件开始至评标结果公告为止。在此期间投标人发生与采购活动相关的行为，统称为投标。

政府采购招标投标活动是一个连贯的整体，其中交织着政府采购当事人各方的利益和行为。其实无法孤立的来看待某一个问题，而应该把相互关联的程序、环节联系起来一起研究，有利于更准确地分析问题。本章中所指的投标行为是从获取采购信息开始，至评标结果公告前为止的全过程。本章将对投标这一活动的基本流程、规律进行讲解，对投标人在各环节中可能遇到的一些问题加以分析并给出自己的建议。

本章将以政府采购方式中使用最普遍的公开招标为主要讲解对象加以分析，另外对将非公开招标政府采购方式的不同之处进行介绍。

第一节　投标人参与投标的基本流程

本节试图从投标人的视角，结合现行有关法律法规对投标各环节的规定，对投标活动的全过程加以解读，详细讲解投标人参与投标的流程。

一、投标人参与投标的流程

(一)投标前准备

1. 获取采购信息

获取信息是投标人参与政府采购活动的起点。

2. 确认参与投标

初步阅读招标文件，确认自身是否具备投标资格。如具备资格，再仔细研究招标文件，分析采购项目是否有参与的价值。

3.报名

现行的政府采购法律法规及部门规章中，还没有对投标人报名方式的具体细化规定，但投标人必须按招标文件约定的方式进行报名并获取招标文件，否则将可能使自己不能成为拟投标项目的投标人，本章第二节将举例进一步说明这句话的含义。

4.现场勘察或答疑

《政府采购货物和服务招投标管理办法》中第二十六条规定："采购人或者采购代理机构可以在招标文件提供期限截止后，组织已获取招标文件的潜在投标人现场考察或者召开开标前答疑会。组织现场考察或者召开答疑会，应当在招标文件中载明，或在招标文件提供期限截止后以书面形式通知所有获取招标文件的潜在投标人。"因此是否组织现场勘察或答疑会应以招标文件约定为准。

5.制作投标文件

前文已述，此处不再赘述了。

（二）投标

1.递交投标保证金

投标保证金又名投标担保，是投标要约的组成部分，也是招标文件中无效投标条款的刚性约定。按照招标文件规定递交投标保证金是获得有效投标人资格的前提条件之一，本章第二节将具体介绍一些递交投标保证金时需注意的小细节，提醒投标人细节决定成败。

2.递交投标文件并签收

递交投标文件这个行为的完成意味着投标行为的正式开始，从第一次递交投标文件至投标文件递交截止时间为止，期间可能会涉及递交投标文件，投标文件的拒收，投标人签到，获取投标文件签收回执，投标文件的补充、修改、撤回等情形，本章第二节将重点对其中一些容易被人忽略的地方进行分析并给出建议。

3. 投标文件的补充、修改、撤回

招标文件范本中约定“若投标人对投标文件的错处作必要修改，则应在修改处加盖投标人公章或由法定代表人或法定代表人授权代表签字确认。”只要投标截止时间之前，投标人是可以将投标文件补充、修改和撤回的，如果是补充或修改，以最后一次提交的为准，补充、修改、撤回必须书面通知采购人或采购代理机构。补充、修改的内容应当按照投标文件要求签字、盖章、密封作为投标文件的组成部分。

（三）开标

开标过程须注意以下几个关键问题。

1. 开标时是否需要派人员参加开标会议

《政府采购货物和服务招投标管理办法》中第四十二条规定：“投标人未参加开标的，视同认可开标结果”，也就是说投标人不是必须派人参加开标活动。那是否就意味着投标人一定不派人参加开标，本章第二节将从实际操作层面介绍一些开标过程中可能遇到的变数，希望以此帮助投标人更全面地了解开标这一过程要做的准备。

2. 投标文件密封情况的再次确认

根据《政府采购货物和服务招投标管理办法》的规定：投标文件在递交时按法定程序由采购人或代理机构进行了密封情况确认、记录，开标现场由投标人代表再次确认，主要体现的是政府采购程序的公正性。但如果此时有投标人对展示的投标文件密封情况提出异议，该如何处理，本章第二节将结合法规和招标文件，试分析检查密封情况这一环节在实际开标过程中值得投标人注意的地方，并在本章的第三节给出相应案例，以便投标人更直观地理解。

3. 投标文件的开启

投标文件的开启主要强调“当众”一词，这体现的是公开原则，也是让投标人行使监督权的原则体现。

4.唱标

唱标环节的主要作用是让投标人核对开标一览表中的投标人名称、标的物名称、投标报价、交货期、交货地点、优惠条款等关键信息，同时也起到投标人监督，避免暗箱操作的作用。投标人需派熟悉投标文件经济部分内容（开标一览表和分项报价明细表）的人员核对自己一栏表中的内容是否准确、完整，另一方面也可收集其他投标人的报价信息。

5.记录

记录工作虽然不是投标人的工作，但这个过程是将开标一览表内关键信息进行再次确认、固定的程序，代表了采购人、监督部门、代理机构、投标人所有采购活动的当事人对开标情况的认可。根据《政府采购货物和服务招投标管理办法》第四十二条的规定，投标人可以通过现场提出询问或回避申请的方式阐述自己的观点，主张自己的权利，还可以要求将开标、唱标过程中的特殊情况记录在开标一览表中，保护自己合法权益，例如开标过程中看到的其他投标人投标文件没有密封完好的情况等。

（四）评标

在评标过程投标人可能涉及的环节有：接受评委会修正后的报价，投标人应评委会要求作出澄清、说明或补正。报价修正和投标文件澄清的发起人均只能是评委会。注意投标人应要求作出的澄清、说明或补正内容不能超出投标文件范围或改变实质性内容。

报价修正和澄清说明或补正具有区别的：修正只针对价格发起，评委会要求投标人修正的价格，投标人必须确认，否则为无效投标；而投标人如不按评委会要求进行必要澄清，招标文件范本和法律法规并无明确规定该如何处理。

（五）询问、质疑和投诉

询问、质疑和投诉都属于政府采购救济制度，是指供应商在参加政府采购活动过程中，认为其合法权益受到侵害，依法运用询问、质疑、投诉等手段保护自身权益的一项制度。这是政府采购活动从发布公告信息开始到签订合同，投标人维护自身权利的有力武器。询问、质疑和投诉在每个采购环节均可以提出，后面的章节将进行详细分析。

二、公开招标与其他采购方式在投标程序上的主要区别

本部分主要比较公开招标与竞争性谈判、竞争性磋商、询价采购、邀请招标、单一来源招标在投标程序上的不同为解读内容。

几种采购方式的主要区别详见表8-1。

表8-1　6种招标方式的区别

主要区别 采购方式	投标准备周期	供应商来源	是否设置有开标程序	法定代表人授权代表是否必须到开标现场	评审程序	报价方式及评标办法
公开招标	从招标文件发出之日起至投标截止日不少于二十日	通过发布公告公开邀请	有	不必	1.评审顺序法规未作规定，一般采取随机方式 2.除评标过程中设置有现场演示程序或投标人答辩程序外，投标人代表将不会与评委进行投标方案的交流 3.评审过程中，采购人或代理机构不得实质性变动采购需求中的技术、服务要求以及合同草案条款	1.报价是唯一报价 2.可根据情况选择综合评分法或最低评标价法进行评标

续表

<table>
<tr><th>主要区别
采购方式</th><th>投标准备周期</th><th>供应商来源</th><th>是否设置有开标程序</th><th>法定代表人授权代表是否必须到开标现场</th><th>评审程序</th><th>报价方式及评标办法</th></tr>
<tr><td>竞争性谈判</td><td>从文件发出之日起至供应商提交首次响应文件截止之日止不得少于三个工作日</td><td></td><td rowspan="3">无</td><td rowspan="2">必须</td><td>1.评审顺序法规未作规定，一般在采购文件中写明谈判顺序的确定方式，如现场抽签等方式
2.每个采购项目均会涉及投标人代表与评委进行报价方案交流的程序</td><td>1.允许有多次报价，最终报价为具有约束力的报价
2.只能采用最低评标价法进行评标</td></tr>
<tr><td>竞争性磋商</td><td>从磋商文件发出之日起至供应商提交首次响应文件截止之日止不得少于十个工作日</td><td rowspan="2">通过发布公告、从省级以上财政部门建立的供应商库中随机抽取或者采购人和评审专家分别书面推荐的方式邀请</td><td>3.评审过程中，采购人或代理机构可以实质性变动采购需求中的技术、服务要求以及合同草案条款</td><td>1.允许有多次报价，最终报价为具有约束力的报价
2.只能采用综合评分法进行评标</td></tr>
<tr><td>询价采购</td><td>从文件发出之日起至供应商提交首次响应文件截止之日止不得少于三个工作日</td><td>不必</td><td>1.评审顺序法规未作规定，一般采取随机方式
2.投标人代表不会与评委进行报价方案交流
3.评审过程中，采购需求不得变动</td><td>1.报价是唯一报价
2.只能采用最低评标价法进行评标</td></tr>
</table>

续表

主要区别 / 采购方式	投标准备周期	供应商来源	是否设置有开标程序	法定代表人授权代表是否必须到开标现场	评审程序	报价方式及评标办法
邀请招标	发布资格预审公告（公示期不得少于五个工作日）	从省级以上人民政府财政部门建立的供应商库中选取或采购人书面推荐	有	必须	1.评审顺序法规未作规定，一般采取随机方式 2.除评标过程中设置有现场演示程序或投标人答辩程序外，投标人代表将不会与评委进行投标方案的交流 3.评审过程中，采购人或代理机构不得实质性变动采购需求中的技术、服务要求以及合同草案条款	1.报价是唯一报价 2.可根据情况选择综合评分法或最低评标价法进行评标
单一来源采购	无	特定供应商	无	不必	1.投标人代表不会与评委进行报价方案交流 2.评审过程中，采购需求不得变动	1.允许有多次报价，最终报价为具有约束力的报价。 2.只能采用最低评标价法进行评标。

第二节　有效提高投标的成功率

本节将结合第一节梳理的投标基本流程，重点讲解哪些问题是值得投标人重视的关键问题，而这些问题又是怎样影响投标活动的成功率。

一、投标人如何有效获取招标文件并进行报名

现行的政府采购法律法规及部门规章中,还没有对投标人报名方式的具体细化规定,因此,分析这个问题,必须以招标文件的约定为具体对象。

以重庆地区政府采购为例,对于参与集中采购项目招标的投标人而言,报名时须做两件事情。第一,投标人按《重庆市政府采购供应商注册及诚信管理暂行办法》(以下简称《供应商管理暂行办法》)的规定通过重庆市政府采购网(www.cqgp.gov.cn),登记加入“重庆市政府采购供应商库”;第二,投标人按要求购买招标文件。

提醒投标人注意两点:一是无论采用现场购买招标文件还是汇款购买招标文件,均须提供盖有投标人公章的“采购文件发售登记表”;二是虽然重庆地区对微型企业参与政府采购有免报名费的优惠政策,例如招标文件约定“投标人为微型企业且所投标产品为微型企业生产的免收招标文件购买费”,但并不代表身为微型企业的投标人就不需要履行除缴纳报名费以外的其他报名程序,因此投标人切不可大意。

二、如何使投标保证金的递交有效合规

参与招标采购活动,递交投标保证金必不可少,递交保证金的基本要求包含递交截止时间、保证金金额、递交方式三个主要方面,具体的程序要求因地区项目的不同,招标文件的约定差异很大,投标人需要注意以下三点:

(一)保证金到账时间,投标人宜充分考虑银行间跨行走账、异地结算等不确定因素,留出足够的时间。投标人最好能在递交保证金后向公司财务部门和投标保证金接收机构(交易中心)确认保证金到账情况。

(二)保证金须按招标文件约定的递交方式(电汇、转账等)从投标人的基本账户开户银行递交至招标文件指定的保证金账户中。

(三)招标文件是否要求投标人提供递交投标保证金相关资料,如投标人基本账户开户许可证、递交投标保证金银行凭证等,具体要求视招标文件约定情况。

三、递交投标文件应该注意哪些问题

根据《政府采购货物和服务招投标管理办法》第三十三条规定“投标人应当在招标文件要求提交投标文件的截止时间前，将投标文件密封送达投标地点。”这里需要投标人注意，递交投标文件行为的含义是，投标人将投标文件置于招标人或代理机构的控制之下，简单地说就是要将投标文件交到招标人或代理机构的手上，以便其能顺利地完成招投标活动的下一程序。而投标人签到，只是客观记录投标文件递交情况的文件，记录的内容不改变投标文件递交的实际情况。

因此，只有按时将投标文件送达指定投标地点，并交给招标人或代理机构，才代表递交投标文件的行为有效完成。如果招标文件对投标人签到没有特别要求，那么投标人在递交投标文件时，应优先保证投标文件的递交按时完成。本章第三节所举的案例将涉及关于递交投标文件的一些误区，希望投标人避免失误，减少不必要的损失。当然，这也并不是说签到可有可无，还是应具体问题具体分析，签到虽不是法定程序，但招标文件中如果要求投标人同时完成递交投标文件和签到，那么投标人还是应严格遵守规定。

投标人需重点弄清楚，可能导致投标文件被拒收的原因。在《政府采购货物和服务招标投标管理办法》中，导致投标文件被拒收的情况规定有逾期送达或者未按照招标文件要求密封两种。

这里要着重说明一下未按照招标文件要求密封这个问题。根据《政府采购货物和服务招标投标管理办法》的规定，虽然未按照招标文件要求密封投标文件，作为投标文件被拒收的情况之一，但实际操作层面并未具体规定评判标准，这就需要依靠每个项目的招标文件来约定和完善。

以重庆地区为例，重庆市的范本招标文件并未约定不按照招标文件要求密封投标文件将被拒收，同时也没有直接将投标文件的密封严格划入实质性不满足招标文件规定将导致无效投标的范围。但这并不代表实际操作中弱化了密封投标文件的要求，具体项目的招标文件可以对范本招标文件未作约定的内容进行补充完善。投标人面对不同项目的招标文件时，应秉持具体问题具体分析的态度,在这一问题上着重关注招标文件是否将投标文件按约定密封作为实质性要求,是否将其作为无效投标的判定标准之一。即使招标文件没有明确不按规定的密封方式将如何处理,也建议投标人密封好投标文件,避免增加风险。

建议投标人可以从下面两点来检查自己的投标文件是否满足招标文件的密封要求。

(一)密封的形式要求

政府采购法律法规对程序的要求十分严格,形式要求作为程序的配套内容,投标人当然也必须满足,招标文件关于投标文件密封要求的形式内容主要包含的因素有:签字、盖章、密封袋及标记、密封纸张、封口方式、暗标的密封、样品的密封、投标文件电子版的密封等,建议投标人在仔细研读招标文件的前提下,按要求梳理招标文件约定的每个因素,做到不曲解、不遗漏招标文件的要求。另外,建议投标人随身携带备用的密封袋、密封胶、密封纸张等物品,以备临时应急。

(二)密封的实质要求

投标文件密封的实质作用是,在投标文件的控制权从投标人转移至招标人的过程中,确保投标文件的内容不因密封失效,导致投标文件遗失或内容提前泄露,进而影响采购活动的公正性。因此,投标文件密封的实质要求就是便于检查投标文件的完整性并保证内容不被提前泄露。本章第三节将举例说明招标文件密封要求对投标文件有效性的影响,并尝试给出建议。

四、投标人是否应派人参加开标

开标程序是招标投标活动中重要的一环。说它重要是因为在这一刻将同时启封所有投标人的投标文件,并对投标人的报价进行唱标。投标人可以了解竞争对手投标方案的基本情况,这是获取竞争对手关键信息的绝佳机会。开标程序是投标人在招投标过程中唯一可以近距离观察、了解其他投标人投标文件，甚至提出询问、异议的机会。基于上述开标程序的重要性，投标人应当派人参加开标活动，而且所派人员应对招标文件和投标文件均十分熟悉。本章最后将介绍，合理运用招标文件的约定，在开标现场提出询问并最终影响投标结果的案例。

第三节　投标环节的案例分析

一、怎样密封投标文件，才算密封完好

某市级部门采购中心组织一次办公设备协议供货招投标。由于此次协议供货品种种类众多，招标内容比较琐碎，因此，采购中心将整个协议供货项目分成了8个包。

开标当日，投标截止时间一到，该办公设备协议供货项目立即开标。主持人宣读开标纪律后，分别邀请了一名投标供应商、一名参加现场监管的监督人员在另一名采购中心工作人员的协同下检查投标文件的密封情况。在检查过程中，一个意外发生了：当监查人员随手拿起一份投标文件时，一个U盘从密封得并不十分牢固的文件袋中掉了出来。原来，招标文件约定投标人须提交一份载有完整投标文件电子版的U盘。检查招标文件密封情况的3人都没有遇到过U盘滑落的情况，不禁面面相觑。随后，监督人员首先提出：由于U盘装载文件的性质，并未使其中内容有丝毫外泄，U盘滑落应该对招投标没有任何影响。其他二人对此表示同意。

密封情况检查完毕之后，主持人开始唱标。唱标结束后，有供应商提出质疑，认为在投标文件密封问题上，采购中心没有按照招标文件的规定进行操作，递交该U盘的投标人密封情况不完好，采购中心应当场退还其投标文件。

招标文件里对投标文件密封要求为：投标文件的正本、副本以及电子文档均应密封送达投标地点。U盘从投标文件带中滑落出来算不算违反投标文件密封条款？

由于电子工具对招投标活动的介入，使得一些细节一时难以规范。用U盘存储的文件不同于纸质文件，不借用计算机这个媒介，外人是无法了解其中内容的。但是，法律制定之初并未考虑这一点，而是统一规定“按要求密封”。那么，在用U盘装载文件的情况下，密封完好的标准又是什么呢？

专家认为，鉴于U盘的特性，即使不将其装入文件袋中也算密封。但是也有供应商反对：“U盘露出‘真面貌’，相当于评标的时候有了记号。一旦有人有某种不公平的想法，裸露的U盘不是就被人利用了吗？”

在这一点上，虽然供应商的担心并非没有必要，但现在评标的监控如此严格，应该不会出现“被人利用”的大问题。一位工作人员说：“遇到这种情况，我们就会请参加密封检查的供应商代表当众宣告情况，征求所有供应商的建议。如果大家都认为没问题，我们就把U盘装好，重新密封。如果有投标人对此存有异议，可将不同意见记录在开标记录表格上，以便后期维护自身权利时有相应凭据”。

当下中国正在大力建设法治社会，供应商对政府采购的法律法规熟悉、掌握程度越来越高，对于招标文件的约定研究得越来越透彻，可以说都是政府采购的专家。在这样一个公开透明的环境下，任何一点细小的瑕疵，大家都会用放大镜来仔细研究，都希望更好地利用规则为自己服务。因此，投标人在仔细研读招标文件的基础上，还需反复检查自己的每个投标环节是否都经得起推敲。

二、投标文件的密封，细节决定成败

某单位为新建的办公大楼采购20台电梯，由于资格条件设置合理，最高限价、付款方式、工期等条件均比较理想，开标当天从全国各地赶来了15家投标人参与投标。开标环节开始后，主持人宣读开标程序和纪律，公布了投标人缴纳投标保证金的情况。随后由投标人自行推选了两名投标人代表对所有投标文件的密封情况进行检查，检查完毕后代理机构开启所有投标文件并准备开始唱标。随着投标文件被一一打开，原本安静的开标现场不断发出嘈杂声，有些投标人开始交头接耳、窃窃私语。这时一名投标人代表从座位后排走上前来,走到开标工作人员的身边,指着地上A公司的投标文件说:“这份投标文件的电子版投标文件光盘没有按招标文件规定密封,应将其退还。”说到这里,投标人都渐渐围拢上来,开始七嘴八舌地议论,代理机构的工作人员立即找出招标文件,找到写有密封要求的条款仔细监督核对起来。招标文件约定“光盘表面须粘贴印有招标人名称、招标项目名称内容的纸张并加盖投标人公章,光盘内容须与投标文件一致并可正常读取内容。”招标文件中密封情况检查约定“招标人检查投标文件是否按招标文件规定要求密封,如发现投标文件没按规定密封,则当众原封退还。”经对照后,大家发现A公司的光盘是密封在一个小信封里,在信封的表面粘贴印有招标人名称、招标项目名称内容的纸张并加盖了投标人公章,A公司的投标人代表也愤愤不平地说:“粘贴和盖章的内容都响应了,哪有问题?”刚才那名提出异议的投标人指着招标文件继续说道:“你看招标文件上面明明写的是‘光盘表面’而不是写的‘信封表面’。”这时大家才注意到这个细节,原来A公司的光盘表面上确实什么都没有,A公司的代表顿时傻了眼,明白过来的众人又将目光转向剩下的14家投标文件上。在更多投标人的要求下,代理机构又重新与投标人代表一起检查了所有投标人光盘的密封情况,最终清点出9家投标人没有在光盘“表面”按要求粘贴并盖章,经确认无误后,代理机构的工作人员按规定将这9家投标人的投标文件全部当场退还。

招标文件对投标文件密封的约定要求不是每个项目都完全一致,投标文件的制作必须按招标文件要求进行,不能犯经验主义的错误。另外,正确运用询问、质疑手段维护自身权益是每个投标人的必修课。投标人对招标文件研究得仔细、透彻,将把握更多中标的先机,再加上熟悉法律、程序的投标人代表,在开标现场适时提出异议,合理维护了自身权益的同时,还能达到降低投标竞争难度的目的。

三、递交投标文件迟到，谁人之过

某学校为新建的实验室购置实验室设备，采用公开招标方式，招标文件中设置有20分的样品评分项。招标文件中约定需递交实验室操作台一体化装置，由于样品长度尺寸超过两米，不便于在开标室递交，代理机构工作人员小张就将样品的递交地点定在单位负一楼空置的房间，并在招标文件中注明了样品递交的地点，递交时间为开标当天上午9:30-10:00，另外安排同事小李当天负责签收样品。而招标文件的递交地点定在开标室中，招标文件中提示投标人具体开标室安排详见当天网上安排，开标时间为投标截止日当天上午10:30。

开标当天代理机构工作人员接收投标文件时发现，前来递交投标文件的投标人还不足3家，时间已是上午10:25，眼看项目就要流标。这时，同事小李打来电话告诉小张，由于样品较大，且安装复杂，样品递交虽然赶在上午10:00前完成，但现场安装花费了大量时间，而且还在样品存放地的几位投标人代表由于没有注意到样品递交的地点和投标文件递交地点不一致，加之安装样品花费了大量时间，也没有多余人手，他们的投标文件还带在身边，尚未递交，现在从负一楼赶到开标室已经来不及。小李询问是否可以让这几家投标人在他那里递交投标文件，也就视作他们按时递交了投标文件。小张经过考虑拒绝了小李的建议，截止到上午10:30，只有两家投标人按时递交投标文件，项目只得宣布流标，重新启动招标。

本案中导致项目流标的原因主要有以下几个：

1. 投标人投标准备工作做得不够充分，未提前了解安装地点状况，对安装所花时间、所需人手预判不足，造成无法按时递交投标文件。

2. 招标文件将样品的递交与招标文件的递交约定在两个相距较远的地方，虽实属无奈，但招标人也存在预留递交样品时间不足，对投标人告知不详细的情况。

3. 递交文件和样品分为两地，且递交截止时间不一致。

《政府采购货物和服务招标投标管理办法》中第三十九条规定："开标应当

在招标文件确定的提交投标文件截止时间的同一时间进行。开标地点应当为招标文件中预先确定的地点。”除此之外法律法规中就没有关于投标文件递交地点的规定。因此只要不是故意排斥、刁难投标人的地点安排，招标文件是可以自行约定的。但本案的投标文件递交截止时间就存在一点问题了。按招标文件约定递交的样品应视为投标文件的组成部分，一份文件怎么能约定两个递交时间？招标文件只能约定一个投标文件递交截止时间，否则就可能造成投标人误判，这也客观上造成了投标文件递交的混乱。其实招标人完全可以在招标文件中善意地提示投标人将递交样品和文件的人员分开完成递交即可。

总的来说，想要投标过程顺利，投标人就必须读透招标文件、熟悉法律法规和招投标程序、落实每个细节尽可能减少投标环节不确定因素。做到这三点，投标人就能有效降低因自己准备不充分而导致的意外，从而提高投标成功率。

四、如何递交投标文件最稳妥

某部门采购一批设备，招标文件规定的投标文件递交时间为上午09:30-10:00，投标文件递交的地点是由公共资源交易中心安排的2号开标室。当采购代理机构来到2号开标室准备接收投标文件时，发现开标室里已经坐着一人。待采购代理机构的工作人员小李准备好开标工作后，陆续有投标人来2号开标室并向小李递交投标文件，小李按规定确认了投标文件的密封情况后，要求他们进行投标文件的签到并向其出具投标文件签收回执。

当交易中心投影出来的标准时间来到上午10:02的时候，采购代理机构工作人员小王，向在场的所有人宣布，投标截止时间已到，不再接收投标文件。他话还没说完，有一个人从座位上站起来，飞快地走到开标室前面，将手上的投标文件纸袋递给小李，这时时间是上午10:05。原来这个投标人就是那个比小李还早到开标室的人。小李看了下时间，说了句“时间都过了”。这人眼看自己的投标文件会被拒收，便大声嚷道：“你们宣布时间的同时我就把文件交上来了，在这之前你们也没宣布开始接收投标文件，而且我早就到开标室了，比你们代理机构还早，我没有迟到。”乍一听似乎有些道理，招标文件上约定的“投标地点”与“开标地点”相同，均为交易中心公布的2号开标室，而《政府采购法》和《政府采购法实施条例》中均没有对投标文件如何递交进行规定，投标文件带至投标地点是不是就等同于将投标文件送达投标地点呢？

《货物和服务招投标管理办法》中的第三十三条规定：“投标人应当在招标文件要求提交投标文件的截止时间前，将投标文件密封送达投标地点。采购人或者采购代理机构收到投标文件后，应当如实记载投标文件的送达时间和密封情况，签收保存，并向投标人出具签收回执。任何单位和个人不得在开标前开启投标文件。”

投标人应该正确认识到，投标活动应是一个连续动作，而不是各自独立存在的。只要投标人收到代理机构的签收回执，就说明投标文件已移交到采购人和代理机构的手中。因此，可以得出这样一个结论：投标文件是否送达投标地点是以采购人或采购代理机构是否收到投标文件为判定标准。而且，政府采购的法律法规及相关规范性文件中也没有规定，招标人和采购代理机构必须提醒投标人按时递交投标文件，因为招标文件中已经对时间作出了详细的要求。相信通过这个案例，投标人在参与以后的采购活动时，遇到类似情况，能够正确应对，避免失误。

第九章 政府采购的救济途径

前文提到在政府采购活动各个环节中,享有权利和承担义务的各类主体包括采购人、供应商、采购代理机构和评审专家等。政府采购过程又涉及制定采购需求、申报采购计划、制定采购文件、发布采购信息、组织采购评审、督促采购实施和验收等环节。多方主体的参与和多个环节的构成,往往导致政府采购活动中发生争议、纠纷现象。为保证政府采购公开、公平、公正,目前我国现行的政府采购争议纠纷处理方式是询问、质疑、投诉、行政复议或行政诉讼。这也是政府采购的救济制度。在政府采购过程中实行救济制度,一方面可以使政府采购当事人的合法利益得到保护,弥补其所受损失;另一方面则可以监督政府采购行为合法性,使政府采购活动得以在阳光下运行,保证财政资金的有效利用率。

《政府采购质疑和投诉办法》(中华人民共和国财政部令第94号,自2018年3月1日起施行),规范政府采购质疑和投诉行为,保护参加政府采购活动当事人的合法权益。

本章内容主要包括政府采购常用救济途径的提出、答复和处理以及相关法律责任并对部分经典案例进行分析。

第一节　常用救济途径

《政府采购法》赋予供应商维护合法权益的途径有:询问、质疑、投诉行政复议或行政诉讼四种情况。

(一)询问

供应商对政府采购活动事项有疑问的,可以向采购人或者采购代理机构提出询问,采购人或者采购代理机构应当在三个工作日内对供应商依法提出的询问做出答复。答复的内容不得涉及商业秘密。所谓"商业秘密"在《中华人民共和国反不正当竞争法》中的定义是指不为公众所知悉、能为权利人带来经济利益,具有实用性并经权利人采取保密措施的技术信息和经营信息。所以只要不涉及商业秘密,供应商提出的疑问,采购人或者代理机构应当在规定时间内做出答复。

(二)质疑

供应商认为采购文件、采购过程和中标、成交结果使自己的利益受到损害的,可以在知道和应知其权益受到损害之日起七个工作日内,以书面形式向采购人提出质疑。

(三)投诉

质疑供应商对采购人、采购代理机构的答复不满意或者采购人、采购代理机构未在规定的时间内做出答复的,可以在答复期满后十五个工作日内向同级政府采购监督管理部门投诉。投诉供应商或者投诉人应当依法按照规定的方式提起投诉。

(四)行政复议或行政诉讼

投诉人对政府采购监管部门的投诉处理决定不服或者政府采购监管部门逾期未作处理的,可以依法申请行政复议或者向人民法院提起行政诉讼。

根据《中华人民共和国行政复议法》,公民、法人或者其他组织认为具体行政行为侵犯其合法权益的,可以自知道该具体行政行为之日起六十日内向行政机关提出行政复议申请。根据《中华人民共和国行政诉讼法》,公民、法人或者其他组织认为行政机关和行政机关工作人员的行政行为侵犯其合法权益,有权向人民法院提起诉讼。所以,投诉人对政府采购监管部门的投诉处理决定不服或者逾期未处理的,可以申请行政复议或者向人民法院提起行政诉讼。

第二节　询问的提出、答复及处理

(一)询问的提出及答复

询问是供应商针对政府采购活动中不清楚、不明白、不了解的事项，向采购人或采购代理机构提出问题、征求意见或者了解情况。

《政府采购法》及其实施条例，对询问及询问答复的形式都没有提出明确的要求。在政府采购的任何阶段，供应商都可以以书面或者口头的方式就采购所产生的疑问向采购人或代理机构进行询问。询问范围也没有明确规定，可以包含政府采购活动的任何事项，但如前文所言，涉及商业机密的可以不做答复。实际操作中，询问及其答复，既可以采取信函、电子邮件、传真等书面形式，也可以采取电话、面谈等口头方式。

针对供应商的依法询问，采购人委托采购代理机构的，采购代理机构应当依照规定就采购人委托授权范围内的事项做出答复。供应商提出的询问超出采购人对采购代理机构委托授权范围的，采购代理机构应当告知供应商向采购人提出。政府采购评审专家应当配合采购人或者采购代理机构答复供应商的询问。采购人或者采购代理机构一般要作好记录，并将询问及答复内容一并存档。

这里需要注意的是采购人或者采购代理机构针对供应商的询问必须在三个工作日内做出答复。

(二)询问的处理

供应商询问的事项可能影响中标、成交结果的，采购人应当暂停签订合同，已经签订合同的，应当中止履行合同。

第三节　质疑的提出、答复及处理

(一)质疑的提出及答复

质疑是供应商认为在政府采购活动中自己的正当权益受到侵害而向采购人或采购代理机构提出的,并要求其必须给予明确答复的疑问。供应商书面向采购人或者采购代理机构提出质疑,采购人或者采购代理机构就质疑事件进行答复,供应商收到质疑答复,如果满意,质疑结束,如果不满意,可以书面提出投诉。质疑流程见图9-1。

图9-1　质疑流程图

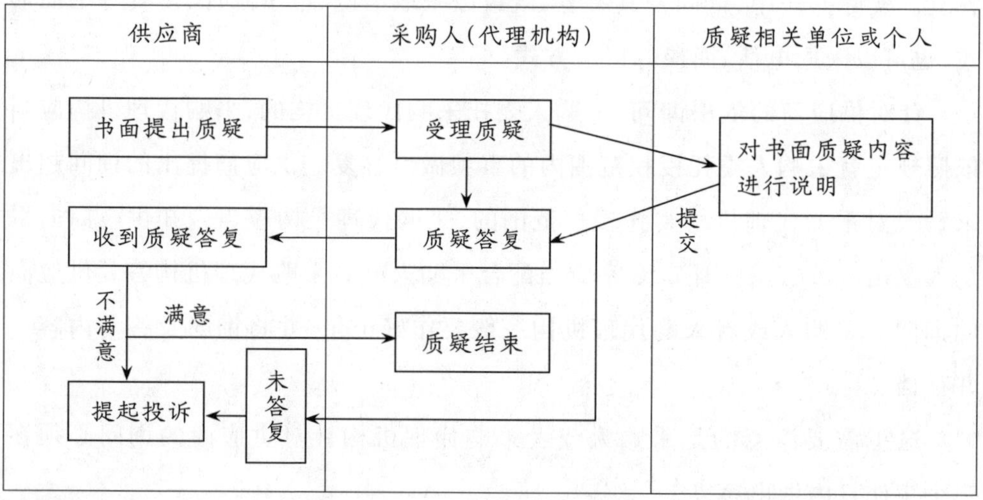

1.质疑的提出

供应商提出的质疑应当坚持实事求是、诚实信用的原则。在知道或者应当知道自己权益受到损害之日起七个工作日内,以书面形式向采购人或采购代理机构提出。关于七个工作日的时限,《政府采购法实施条例》第五十三条给出了明确的标准:(1)对可以质疑的采购文件提出质疑的,为收到采购文件之日或者采购文件公告期限届满之日;(2)对采购过程提出质疑的,为各采购程序环节结束之日;(3)对中标或者成交结果提出质疑的,为中标或者成交结果公告期限届满之日。

供应商在知道或者应当知道以下权益受到损害就可以提出质疑:(1)采购文件规定的供应商资格条件、技术和商务条款存在明显限制性、倾向性条款的;(2)采购文件规定的评审标准、评审方法违反规定的;(3)采购文件澄清或修改违反相关规定的;(4)采购文件发售期限违反相关规定的;(5)采购组织程序违反相关规定的;(6)采购结果公告违反相关规定的;(7)采购人、采购项目代理机构及经办人员、评标委员会成员与供应商有利害关系而没有回避的;(8)政府采购当事人之间、当事人与评审专家之间存在串通行为的;(9)供应商提供虚假资料、假借其他企业资质围标串标谋取中标(成交)的;(10)采购文件、采购过程和中标(成交)结果使自己权益受到损害的其他事项。

这里的采购文件包括采购公告和资格预审公告、招标文件、竞争性谈判文件、竞争性磋商文件、询价文件以及包含的评判标准和合同文本以及相关的澄清。采购过程是从采购项目信息公告发布起,到中标(成交)结果公告止,包括采购文件的发出、资格预审、投标、开标、评标、谈判、询价、澄清、定标等采购环节。中标(成交)结果是中标(成交)公示结果及采购人确定后的中标(成交)结果。

但以下内容不得属于质疑范围:

(1)采购人或采购代理机构的内部资料,比如采购活动记录、定标文件等;

(2)财政部门按照国家有关预算管理的规定对采购人的预算批复、质疑答复、投诉处理决定等;

(3)供应商如果对验收证明有异议,应当按照解决合同争议的途径处理;

(4)投标文件不属于可质疑的采购文件。

2.质疑的请求内容

供应商提出质疑应当有明确的请求,应当明确对采购文件还是对采购过程还是对中标(成交)结果提出质疑;以及希望达到的结果如中标、成交无效、废标、重新采购、赔偿、追究法律责任等。

3.质疑函的形式

在提出质疑时需要按照规定的格式提交质疑函并提供必要的证明材料：包含营业执照、授权委托书、委托代理人身份证明、参加采购项目的证明、权益受到损害的证明材料、证明提出质疑的事实存在的材料。根据“谁主张、谁举证”的原则，供应商提出质疑时，应提供相关事实依据或线索，并配合采购人或采购代理机构调查取证。须由法定部门作出认定的事项，提出质疑的供应商应当配合采购人或采购代理机构依法向具有法定职权的部门申请调查和认定。

采购人、采购代理机构应当在采购文件中载明接收质疑函的方式、联系部门、联系电话和通信地址等信息。供应商可以委托代理人进行质疑。其授权委托书应当载明代理人的姓名或者名称、代理事项、具体权限、期限和相关事项。提出质疑的供应商(以下简称质疑供应商)应当是参与所质疑项目采购活动的供应商。潜在供应商已依法获取其可质疑的采购文件的，可以对该文件提出质疑。对采购文件提出质疑的，应当在获取采购文件或者采购文件公告期限届满之日起七个工作日内提出。

供应商提出质疑应当提交质疑函和必要的证明材料。质疑函应当包括所列内容：(1)供应商的姓名或者名称、地址、邮编、联系人及联系电话；(2)质疑项目的名称、编号；(3)具体、明确的质疑事项和与质疑事项相关的请求；(4)事实依据；(5)必要的法律依据；(6)提出质疑的日期。供应商为自然人的，应当由本人签字；供应商为法人或者其他组织的，应当由法定代表人、主要负责人，或者其授权代表签字或者盖章，并加盖公章。

政府采购供应商质疑函文本格式

一、质疑相关主体

被质疑人1：____________________

法定代表人：____________________　　职务：______________

地址：________________________　　邮编：______________

联系电话：____

被质疑人2：____

法定代表人:________________　　职务:____________

地址:________________　　邮编:____________

联系电话:________________________________

质疑人:________________________________

法定代表人:________________　　联系电话:____________

授权委托人:________________　　手机:____________

地址:________________________________

邮编:__________　传真:__________　电子邮箱:__________

二、质疑事项

我公司依法参加了(采购代理机构或采购人)于年月日组织的政府采购活动。根据《中华人民共和国政府采购法》《政府采购法实施条例》(国务院令第658号)《政府采购供应商投诉处理办法》(财政部第20号令)和《重庆市政府采购供应商质疑投诉处理暂行规定》的相关规定,我公司认为(采购项目名称和编号)项目的采购活动,该项目的【采购文件、采购过程或中标(成交)结果】损害了我公司合法权益,特提出质疑。

(一)质疑事项一

(写明质疑事项事实理由、依据及附上相关的证明材料)

(二)质疑事项二

(写明质疑事项事实理由、依据及附上相关的证明材料)

……

我公司要求就上述质疑事项调查核实后做出回复并予以处理,以维护我公司的合法权益。

附件:1.相关证明材料;

2.授权委托书。

质疑人(公章):

法定代表人(签字):

日期:　　年　月　日

质疑对供应商权利行使方式做出了具体的限制，一是要求在一定期限内，二是使用书面方式向采购人提出质疑。相比于询问，质疑更加正式，更具操作性，也方便了在今后的诉讼程序中调查取证。

4.质疑的答复

采购人、采购代理机构不得拒收质疑供应商在法定质疑期内发出的质疑函，而且应当在收到质疑函后七个工做日内作出答复，并以书面形式通知质疑供应商和其他有关供应商。供应商对评审过程、中标或者成交结果提出质疑的，采购人或采购代理机构可以组织原评标委员会、竞争性谈判小组、询价小组或者竞争性磋商小组协助答复质疑。质疑答复应当包括所列内容：1.质疑供应商的姓名或者名称；2.收到质疑函的日期、质疑项目名称及编号；3.质疑事项、质疑答复的具体内容、事实依据和法律依据；4.告知质疑供应商依法投诉的权利；5.质疑答复人名称；6.答复质疑的日期。

采购人委托采购代理机构的，采购代理机构应当依照规定，就采购人委托授权范围内的事项做出答复。供应商提出的质疑超出采购人对采购代理机构委托授权范围的，采购代理机构应当告知供应商向采购人提出。政府采购评审专家应当配合采购人或者采购代理机构答复供应商的质疑。

但是下面几种情况，采购人可以不予受理：1.质疑供应商参与了投标（竞争性谈判、询价）活动后，再对采购文件内容提出质疑的；2.质疑超过有效期的；3.对同一事项重复质疑的。

下面几种情况，采购人应暂不受理并告知供应商补充材料。供应商及时补充材料的，应予受理；逾期未补充的，不予受理：1.质疑书内容不符合本办法规定的；2.质疑书提供的依据或证明材料不全的；3.质疑书副本数量不足的。

采购人或采购代理机构需要对质疑事项向相关供应商进行核实的，应在受理供应商质疑后两个工作日内将质疑书副本及时送达与质疑事项相关的供应商，并告知其应履行的权利与义务。相关供应商应在收到质疑书副本两个工作日内作出说明或解释，并提交相关证明材料。

政府采购质疑答复

一、质疑人

供应商:(名称、地址、联系人及联系方式等)

法定代表人:(姓名、职务)

委托代理人:(姓名、联系方式等)

二、被质疑人

采购人、采购代理机构:(名称、地址)

法定代表人:(姓名、职务)

采购项目经办人:(姓名)

三、质疑事项

(供应商)认为(采购项目名称、编号,合同编号)的采购文件(采购过程或中标、成交结果)使该公司合法权益受到损害,于(　年月日)向(被质疑人)提出书面质疑,我单位予以受理。

质疑事项:(简述质疑事项、事实依据和法律依据、诉求)。

四、审查及答复

经查:(载明审查结果)。

综上,本(单位)认为:(质疑是否属实、是否支持其诉求、相关法律依据)。

质疑人对本质疑答复不满意的,可以在质疑答复期满十五个工作日内向本级财政部门依法提起投诉。

(被质疑人公章)

年　月　日

(二)质疑的处理

供应商对采购文件提出质疑的,采购人或采购代理机构应对采购文件进行核实,并按以下情形分别处理:采购文件合法合理的,质疑无效;采购文件存在影响公开、公平、公正事项的，采购人或采购代理机构应修改、完善采购文件并予以公告。

供应商对采购组织程序提出质疑的，采购代理机构应对采购组织程序进行梳理，并按以下情形分别处理：采购组织程序符合规定的，质疑无效；采购组织程序存在瑕疵，但不影响公开、公平、公正性及采购结果的，应维持原采购结果；采购组织程序存在瑕疵，违反了公开、公平、公正原则且影响了采购结果的，应废标并重新开展采购活动。

供应商对评审过程或采购结果提出质疑的，采购代理机构应对质疑事项所涉及的评审过程及结果进行复查，并按以下情形分别处理：未发现评审行为影响公平公正的，质疑无效；评审行为影响或可能影响公平公正的，采购代理机构可以召集评审委员会对评审过程和采购结果进行复核。对确有问题且影响采购结果的，报经财政部门同意后，由评审委员会对采购结果进行修正。

质疑答复期间，供应商书面可以撤回质疑，如果供应商撤回质疑的，采购人或采购代理机构可以终止质疑答复。

采购人或采购代理机构应在财政部门指定媒体及时公告质疑答复内容。

第四节　投诉的提出、答复及处理

（一）投诉的提出与答复

投诉是供应商对采购人或采购代理机构的质疑答复不满意或没有在规定时间内答复而向同级政府采购监管部门提出的申诉。供应商书面向财政部门提出投诉，财政部门接受并进行审查，对符合条件地进行受理并向投诉供应商发送投诉受理通知书，财政部门受理后，向采购人及投诉相关供应商发送投诉书副本并进行调查，采购人或者采购代理机构及相关投诉供应商对投诉事件进行书面说明并提交给财政部门，财政部门根据全面的证据做出处理决定。投诉流程见图9-2。

图 9-2 投诉流程图

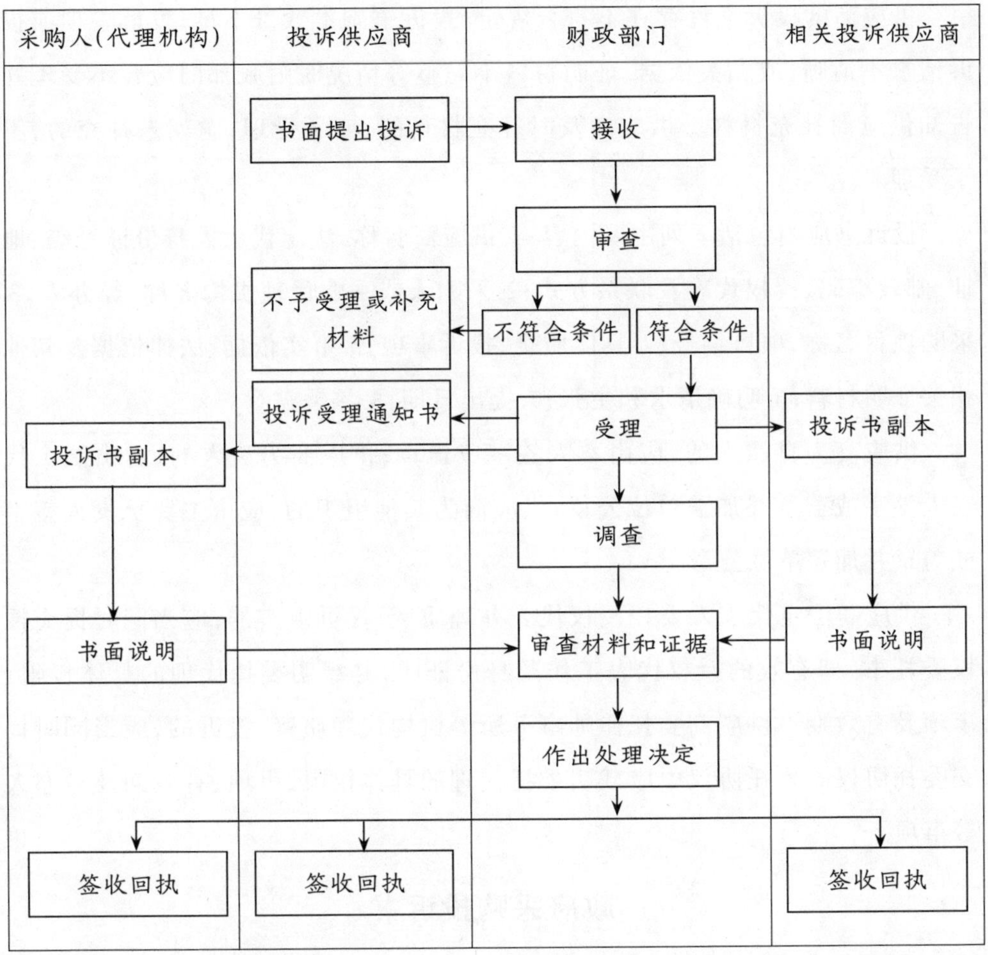

供应商在质疑答复期满后十五个工作日内可以向采购人同级财政部门提起投诉。投诉人提起投诉应当符合下列条件：投诉人是参与所投诉政府采购活动的供应商，不是参与所投诉项目的供应商不能投诉；提起投诉前已依法进行质疑；投诉书内容符合规定；在投诉有效期限内提起投诉；属于与采购人同级财政部门管辖；同一投诉事项未经财政部门投诉处理。

如果投诉人不是所投诉政府采购活动的供应商、对非政府采购活动提起的投诉、没有明确的被投诉人，或被投诉人为采购人和采购代理机构之外的当事人、投诉已经财政部门处理，没有新情况、新理由再次投诉；已过投诉期限或投诉人已对投诉事项提起诉讼，财政部门是可以不受理的。

供应商的投诉文件存在不符合规定、投诉书副本数量不足、投诉事项或投诉请求不清晰，或相关依据、证明材料不完整等情况时财政部门应暂不受理并告知供应商补充材料。供应商及时补充材料的，应予受理；逾期未补充的，不予受理。

投诉书应当包括下列主要内容：1.供应商名称、法定代表人身份证号码、地址、邮政编码、授权代表及联系方式；2.采购人或采购代理机构名称、经办人；3.采购项目名称、项目编号；4.具体质疑、投诉事项；5.事实依据、法律依据及其他相关证明材料；6.明确请求和主张；7.提出日期；8.签署盖章。

供应商为自然人的，应由本人签字或盖章；供应商为法人的，应由法定代表人签字或盖章并加盖单位公章；供应商为其他组织的，应由主要负责人签字或盖章并加盖单位公章。

供应商法定代表人委托授权代表办理质疑、投诉事宜的，应当同时提交授权委托书，即有效的授权代表工作及身份证明，并载明委托代理的具体权限、事项及有效期。供应商委托律师事务所等机构代理质疑、投诉的，应当同时提交委托协议。委托协议中应载明委托代理的具体权限、事项、有效期及经办人等事项。

政府采购投诉书

一、投诉人

名称：(投诉人名称)

地址：(投诉人地址)

法定代表人：(姓名、职务、身份证号码)

授权代表或委托代理人：(姓名、电话、身份证号码)

二、被投诉人

名称：(被投诉人名称)

地址：(被投诉人地址)

法定代表人：(姓名、职务)

项目负责人：(姓名、电话)

三、投诉项目

投诉项目：项目名称、编号

四、投诉内容

质疑及质疑答复情况：(提起投诉前质疑及答复情况)

投诉事项及事实依据：(具体投诉内容、事实依据来源)

投诉人认为被投诉人违反的法律法规：(法律法规条款及内容)

请求事项：(请求财政部门依法办理事项)

附：1. 投诉书正本1分，副本__份

2. 法定代表人身份证明书1份

3. 授权委托书1份

4. 质疑书1份

5. 质疑答复1份

6. 其他证明文件__份

投诉人名称：________(公章)

投诉人法定代表人(或主要负责人)：________(签字或盖章)

年　月　日

(二)投诉的处理

财政部门处理供应商投诉，应按下列情形分别处理：

(1)投诉事项缺乏事实依据的，驳回投诉；

(2)投诉事项经查证属实的，依法进行处理；

(3)投诉人自愿撤回投诉的、投诉事项无重大违法违规，争议双方当事人经协商达成一致意见，投诉人撤回投诉的、投诉人无正当理由拒绝配合财政部门依法调查取证的或投诉处理期间，投诉人提起诉讼的。财政部门可以终止投诉处理。财政部门终止投诉处理后，投诉人不得以同一投诉事项和理由再次提起投诉。

财政部门经审查,认定采购文件具有明显倾向性或者歧视性等问题,给投诉人或者其他供应商合法权益造成或者可能造成损害的,按下列情况分别处理:

(1)尚未进行开标(竞争性谈判、询价)活动的,责令采购人、采购代理机构修改采购文件,并按修改后的采购文件开展采购活动;

(2)已经完成评审(竞争性谈判、询价)活动,但尚未签订政府采购合同的,财政部门应当决定采购活动违法,并责令重新开展采购活动;

(3)已经完成评审(竞争性谈判、询价)活动,并且已签订政府采购合同的,决定采购活动违法。双方当事人应当依据《政府采购法》第五十条之规定变更、中止或终止采购合同,并由相关责任人承担赔偿责任。

财政部门经审查,认定采购文件、采购过程影响或者可能影响中标(成交)结果的,或者中标(成交)结果的产生过程存在违法行为的,按下列情况分别处理:

(1)政府采购合同尚未签订的,决定采购活动违法,并责令采购人重新开展采购活动;

(2)政府采购合同已经签订但尚未履行的,决定采购活动违法。双方当事人应当依据《政府采购法》第五十条之规定中止或终止采购合同;

(3)政府采购合同已经履行或部分履行的,决定采购活动违法。双方当事人应当依据《政府采购法》第五十条之规定变更、中止或终止采购合同。给采购人、投诉人造成损失的,由相关责任人承担赔偿责任。

财政部门处理供应商投诉中,可以通知被投诉人或采购人暂停采购活动。被投诉人或采购人收到通知后,应立即暂停采购活动,暂停采购活动期限最多为三十日。暂停采购活动期满或者收到财政部门恢复采购活动通知前,被投诉人或采购人不得进行该项采购活动。

财政部门应当自受理投诉之日起三十个工作日内对投诉事项做出处理决定,并将投诉处理决定书送达投诉人、被投诉人和其他与投诉处理决定有利害关系的政府采购相关当事人，同时应在政府采购网公告投诉处理决定书。

投诉人以及与投诉处理决定有利害关系的供应商对财政部门的投诉处理决定不服或者财政部门逾期未作处理的，可以依法申请行政复议或者向人民法院提起行政诉讼。

第五节　行政复议或者行政诉讼

《政府采购法》规定，投诉人对政府采购监督管理部门的投诉处理决定不服或者政府采购监督管理部门逾期未作处理的，可以依法申请行政复议或者向人民法院提起行政诉讼。

《中华人民共和国行政复议法》（以下简称《行政复议法》）规定，公民、法人或者其他组织认为具体行政行为侵犯其合法权益的，可以自知道该具体行政行为之日起六十日内向行政机关提出行政复议申请；但是法律规定的申请期限超过六十日的除外。因不可抗力或者其他正当理由耽误法定申请期限的，申请期限自障碍消除之日起继续计算。申请人申请行政复议，可以书面申请，也可以口头申请；口头申请的，行政复议机关应当当场记录申请人的基本情况、行政复议请求、申请行政复议的主要事实、理由和时间。对县级以上地方各级人民政府工作部门的具体行政行为不服的，由申请人选择，可以向该部门的本级人民政府申请行政复议，也可以向上一级主管部门申请行政复议。

《行政复议法》规定，行政复议机关收到行政复议申请后，应当在五日内进行审查，对不符合本法规定的行政复议申请，决定不予受理，并书面告知申请人；对符合本法规定，但是不属于本机关受理的行政复议申请，应当告知申请人向有关行政复议机关提出。除前款规定外，行政复议申请自行政复议机关负责法制工作的机构收到之日起即为受理。依照本法第十五条第二款的规定接受行政复议申请的县级地方人民政府，对依照本法第十五条第一款的规定属于其他行政复议机关受理的行政复议申请，应当自接到该行政复议申请之日起七日内,转送有关行政复议机关,并告知申请人。接受转送的行政复议机关应当依照本法第十七条的规定办理。公民、法人或者其他组织依法提出行政复议申请,行政复议机关无正当理由不予受理的,上级行政机关应当责令其受理;必要时,上级行政机关也可以直接受理。

行政复议原则上采取书面审查的办法,但是申请人提出要求或者行政复议机关负责法制工作的机构认为有必要时,可以向有关组织和人员调查情况,听取申请人、被申请人和第三人的意见。行政复议机关负责法制工作的机构应当自行政复议申请受理之日起七日内,将行政复议申请书副本或者行政复议申请笔录复印件发送被申请人。被申请人应当自收到申请书副本或者申请笔录复印件之日起十日内,提出书面答复,并提交当初作出具体行政行为的证据、依据和其他有关材料。申请人、第三人可以查阅被申请人提出的书面答复、作出具体行政行为的证据、依据和其他有关材料,除涉及国家秘密、商业秘密或者个人隐私外,行政复议机关不得拒绝。

行政复议机关在对被申请人作出的具体行政行为进行审查时,认为其依据不合法,本机关有权处理的,应当在三十日内依法处理;无权处理的,应当在七日内按照法定程序转送有权处理的国家机关依法处理。处理期间,中止对具体行政行为的审查。行政复议机关应当自受理申请之日起六十日内作出行政复议决定;但是法律规定的行政复议期限少于六十日的除外。情况复杂,不能在规定期限内作出行政复议决定的,经行政复议机关的负责人批准,可以适当延长,并告知申请人和被申请人;但是延长期限最多不超过三十日。行政复议机关作出行政复议决定,应当制作行政复议决定书,并加盖印章。行政复议决定书一经送达,即发生法律效力。

行政复议机关负责法制工作的机构应当对被申请人作出的具体行政行为进行审查,提出意见,经行政复议机关的负责人同意或者集体讨论通过后,按照所列规定作出行政复议决定:(1)具体行政行为认定事实清楚,证据确凿,适用依据正确,程序合法,内容适当的,决定维持;(2)被申请人不履行法定职责的,决定其在一定期限内履行;(3)具体行政行为有下列情形之一的,决定撤销、变更或者确认该具体行政行为违法;决定撤销或者确认该具体行政行为违法的,可以责令被申请人在一定期限内重新作出具体行政行为:主要事实不清、证据不足的;适用依据错误的;违反法定程序的;超越或者滥用职权的;具体行政行为明显不当的。(4)被申请人不按照本法第二十三条的规定提出书面答复、提交当初作出具体行政行为的证据、依据和其他有关材料的,视为该具体行政行为没有证据、依据,决定撤销该具体行政行为。行政复议机关责令被申请人重新作出具体行政行为的,被申请人不得以同一的事实和理由作出与原具体行政行为相同或者基本相同的具体行政行为。

《行政复议法》规定,公民、法人或者其他组织申请行政复议,行政复议机关已经依法受理的,或者法律、法规规定应当先向行政复议机关申请行政复议、对行政复议决定不服再向人民法院提起行政诉讼的,在法定行政复议期限内不得向人民法院提起行政诉讼。公民、法人或者其他组织向人民法院提起行政诉讼,人民法院已经依法受理的,不得申请行政复议。法律、法规规定应当先向行政复议机关申请行政复议、对行政复议决定不服再向人民法院提起行政诉讼的,行政复议机关决定不予受理或者受理后超过行政复议期限不作答复的,公民、法人或者其他组织可以自收到不予受理决定书之日起或者行政复议期满之日起十五日内,依法向人民法院提起行政诉讼。申请人逾期不起诉又不履行行政复议决定的,或者不履行最终裁决的行政复议决定的,按照规定分别处理:(1)维持具体行政行为的行政复议决定,由作出具体行政行为的行政机关依法强制执行,或者申请人民法院强制执行;(2)变更具体行政行为的行政复议决定,由行政复议机关依法强制执行,或者申请人民法院强制执行。

《行政诉讼法》规定,公民、法人或者其他组织认为行政机关和行政机关工作人员的行政行为侵犯其合法权益,有权依照本法向人民法院提起诉讼。公民、法人或者其他组织直接向人民法院提起诉讼的,作出行政行为的行政机关是被告。经复议的案件,复议机关决定维持原行政行为的,作出原行政行为的行政机关和复议机关是共同被告;复议机关改变原行政行为的,复议机关是被告。复议机关在法定期限内未作出复议决定,公民、法人或者其他组织起诉原行政行为的，作出原行政行为的行政机关是被告；起诉复议机关不作为的，复议机关是被告。两个以上行政机关作出同一行政行为的，共同作出行政行为的行政机关是共同被告。行政机关委托的组织所作的行政行为，委托的行政机关是被告。行政机关被撤销或者职权变更的，继续行使其职权的行政机关是被告。对属于人民法院受案范围的行政案件，公民、法人或者其他组织可以先向行政机关申请复议，对复议决定不服的，再向人民法院提起诉讼；也可以直接向人民法院提起诉讼。法律、法规规定应当先向行政机关申请复议，对复议决定不服再向人民法院提起诉讼的，依照法律、法规的规定。公民、法人或者其他组织不服复议决定的，可以在收到复议决定书之日起十五日内向人民法院提起诉讼。复议机关逾期不作决定的，申请人可以在复议期满之日起十五日内向人民法院提起诉讼。法律另有规定的除外。公民、法人或者其他组织直接向人民法院提起诉讼的，应当自知道或者应当知道作出行政行为之日起六个月内提出。法律另有规定的除外。起诉应当向人民法院递交起诉状，并按照被告人数提出副本。书写起诉状确有困难的，可以口头起诉，由人民法院记入笔录，出具注明日期的书面凭证，并告知对方当事人。人民法院在接到起诉状时对符合本法规定的起诉条件的，应当登记立案。对当场不能判定是否符合本法规定的起诉条件的，应当接收起诉状，出具注明收到日期的书面凭证，并在七日内决定是否立案。不符合起诉条件的，作出不予立案的裁定。裁定书应当载明不予立案的理由。原告对裁定不服的，可以提起上诉。

可见，询问是随时都可以发起的，质疑是投诉的前提，而行政复议与行政诉讼的处理机关是不同的，前者是行政机关，后者是人民法院，即司法机关。行政复议是一种行政机关内部的层级监督制度；行政诉讼是人民法院对行政机关的监督活动，是人民法院行使司法权对行政行为的司法审查。《政府采购质疑和投诉办法》还要求，对在质疑答复和投诉处理过程中知悉的国家秘密、商业秘密、个人隐私和依法不予公开的信息，财政部门、采购人、采购代理机构等相关知情人应当保密。

第六节　有关法律责任

随着供应商法律意识的不断增强，政府采购质疑投诉不断增多，依法做好质疑投诉工作，给政府采购监管部门、采购人和操作机构提出了更高要求。

从实践看，供应商质疑投诉主要有三种情况：

一是供应商依法维权。主要是采购人提出的需求不合理，招标文件有限制性和倾向性，评审专家未按要求评审等。

二是供应商不懂法律法规，不熟悉操作程序规则。

三是供应商恶意维权。比如：只要没中标就告、恶搞竞争对手、我不中你也别想中、有的是想取而代之。

供应商捏造事实或提供虚假材料进行恶意质疑的，采购人、采购代理机构应当报告同级财政部门，由同级财政部门予以通报，将其列入不良行为记录名单，并在政府采购网公告。

采购人、采购代理机构处理供应商质疑中有下列情形之一的，财政部门应责令其改正，并给予通报批评：

(1)拒绝受理供应商提交的有效质疑的，或不应当受理的质疑予以受理的；

(2)受理供应商质疑后不予答复或答复超出质疑答复时限的；

(3)质疑答复违背客观事实，处理明显不当的；

(4)质疑答复过程中违反《政府采购质疑和投诉办法》保密规定的；

(5)质疑答复内容不针对质疑事项或超出质疑事项引起新的矛盾纠纷的；

(6)质疑答复相关文件不依法送达而引起纠纷的；

(7)其他违法质疑答复规定的。

投诉供应商有下列情形之一的，属于虚假、恶意投诉，财政部门应当将其列入不良行为记录名单，并依法予以处罚：

(1)一年内三次以上投诉均查无实据的；

(2)捏造事实或者提供虚假投诉材料的。

财政部门在处理投诉过程中,发现被投诉人及其工作人员、评标委员会成员、供应商有违法行为,本机关有权处理、处罚的,应当依法予以处理、处罚;本机关无权处理的,应当转送有权处理的机关依法处理。

政府采购质疑、投诉及处理中,相关当事人的违法行为给他人造成损失的,应当依照有关民事法律规定承担民事责任。

第七节 经典案例解析

(一)案例一

某疾病控制中心采购一批用于新生儿接种的乙肝疫苗。根据生产工艺不同,乙肝疫苗分为"酵母型"和"细胞型"两种。采购人提出要"酵母型"不要"细胞型",理由是"酵母型"乙肝疫苗安全、无毒副反应,对新生儿有保障。

招标公告正式发布前,根据采购人的委托,采购代理机构在网站上发布信息,公开征集具备供货能力的供应商,希望所有潜在的供应商都能参与该项目竞标。某生产"细胞型"乙肝疫苗的供应商看到后提出了质疑,认为招标文件指定只允许"酵母型"乙肝疫苗参与投标属于限制性条款,违反了《政府采购法》的相关规定,对其他供应商有失公平。但采购人坚持要"酵母型"不要"细胞型",提出乙肝疫苗是用于新生儿接种的,疫苗的质量关系到新生儿的生命安全。经组织专家论证,专家出具了书面意见,认为"酵母型"乙肝疫苗安全、无毒副反应,同意采购人的要求。但供应商仍坚持不放弃。

为依法妥善处理,经研究,政府采购监管部门决定向上级主管部门请示。经请示中华人民共和国国家卫生健康委员会疾病预防控制局,答复是:只要进入《中华人民共和国药典》的品种,都是经过长期实验论证的,是相对安全有效的;请示财政部政府采购办公室,意见是:除使用国际组织和外国政府贷款的项目,采购人使用财政性资金采购,应当适用《政府采购法》相关规定。

经查,"酵母型"和"细胞型"乙肝疫苗均是《中华人民共和国药典》中常规收录的品种,适用人群均为新生儿。

该案例在当时引起非常大的轰动。采购人能否根据采购项目的特殊需要提出采购需求?采购活动尚未开始,在征集供应商的过程中,潜在供应商是否可以提起质疑和投诉?采购文件包括哪些内容?对采购文件的质疑时限应多长?

《政府采购法》第二十二条第二款规定:采购人可以根据采购项目的特殊要求,规定供应商的特定条件,但不得以不合理的条件对供应商实行差别待遇或者歧视待遇。《政府采购法实施条例》第十五条明确,采购需求应当符合法律法规以及政府采购政策规定的技术、服务、安全等要求。

供应商可以依法维护自己的合法权益,潜在供应商已获取采购文件的可以对该文件提出质疑。《政府采购法》第五条规定,任何单位和个人不得采用任何方式,阻挠和限制供应商自由进入本地区和本行业的政府采购市场;第五十二条规定,供应商认为采购文件、采购过程和中标成交结果使自己的权益受到损害的,可以在知道或者应知其权益受到损害之日起七个工作日内,以书面形式向采购人提出质疑;第五十五条规定,质疑供应商对采购人、采购代理机构的答复不满意或者采购人、采购代理机构未在规定的时间内做出答复的,可以在答复期满后十五个工作日内向同级政府采购监督管理部门投诉。《政府采购质疑和投诉办法》第十一条规定,提出质疑的供应商应当是参与所质疑项目采购活动的供应商。潜在供应商已依法获取其可质疑的采购文件的,可以对该文件提出质疑。对采购文件提出质疑的,应当在获取采购文件或者采购文件公告期限届满之日起7个工作日内提出。

最后,该案的处理结果是,根据《政府采购法》及相关法规、《中华人民共和国药典》和国家有关部门的意见,监管部门及时向相关当事人反馈情况,协调沟通,取消招标文件中限制性条款,允许所有生产乙肝疫苗的供应商参与投标。最终该采购项目取得良好效果,每支疫苗比以往采购价便宜23%,各方都非常满意。

(二)案例二

某政府集中采购机构受采购人委托，就其所需IT设备进行公开招标。经评审，A公司被推荐为中标候选人。B公司对评审结果提出质疑，认为A公司不符合招标文件的资格要求，招标文件规定投标人须为投标产品制造厂商，而A公司为投标产品的生产企业，而非制造商，应判定为无效投标。

集中采购机构接到质疑后，在进行初步审查时，发现A公司的确为投标产品的生产企业，不是制造商。

针对A公司的投标文件是否符合招标文件要求的“投标人须为投标产品制造厂商”的要求，集中采购机构组织相关人员进行研讨，争议的焦点集中在“制造厂商”和“生产企业”概念上：一种观点认为，“制造厂商”包括生产企业，因此A公司符合招标文件的供应商资格要求；另一种观点认为，“制造厂商”就是指“制造商”，不应包括产品生产企业，因此A公司不符合招标文件的供应商资格要求，应判定其投标为无效投标。

A公司是否符合招标文件中“投标人须为投标产品制造厂商”的资格要求？该质疑事项应如何处理？

本次采购纯属招标文件用语不规范所导致的，虽然“‘制造厂商’不是‘生产企业’”的说法有些牵强，但认定A公司符合招标文件中“投标人须为投标产品制造厂商”的供应商资格要求，从两方面来看也是存在法律风险的。

“制造厂商”无法规出处，属招标文件不规范用语。

根据《强制性产品认证管理规定》，生产者和制造商的含义相同，生产企业一般指产品制造商委托生产的企业。除拥有合法授权或“生产企业”和“生产者(制造商)”是同一家企业等情况外，“生产企业”因为知识产权、品牌拥有等原因，不能以自己的名义独立销售接受委托生产的产品。《强制性产品认证管理规定》中并无“制造厂商”的称谓。查阅国家相关法律法规或行业规范后，也未发现“制造厂商”用语定义或出处，因此“制造厂商”的称谓属不规范用语。

招标文件未对“制造厂商”内涵概念做解释。

因为招标文件未给出明确定义，因此判定A公司是否符合“投标人须为投标产品制造厂商”的资格要求存在法律风险。对一些特殊需求，现有用语无法满足描述要求的，确需使用新用语时，可以通过在采购文件中另行定义的方式使用，但不得与国家现有规定冲突。但查阅本项目招标文件后，未发现对“制造厂商”作出的明确定义或解释，“制造厂商”的使用事实上造成了采购各方当事人的理解歧义和偏差，因此无论如何判定A公司是否符合“投标人须为投标产品制造厂商”的供应商资格要求，都存在法律风险。

供应商资格要求是招标文件的核心内容，根据《关于进一步规范政府采购评审工作有关问题的通知》，评审委员会发现采购文件存在歧义、重大缺陷导致评审工作无法进行，或者采购文件内容违反国家有关规定的，要停止评审工作并向采购人或采购代理机构书面说明情况，采购人或采购代理机构应当修改采购文件后重新组织采购活动。根据《政府采购法》第三十六条规定，招标采购中出现影响采购公正的违法违规行为，应予以废标。

（三）案例三

某采购代理机构组织“电梯项目政府采购”招标。在招标文件中明确规定，投标文件必须加盖单位公章。而投标人S公司盖的却是单位合同专用章，当时负责资格审查的人员在审查时并未发现，最终S公司以1500万元的报价中标。采购活动结束后，T公司提出质疑，认为中标人投标文件加盖的章不符合招标文件要求。在调查中又发现，在S公司密封的投标文件中有一份授权委托书，明确该章为公司授权，合法有效，委托书上盖的是单位公章。

本案争议的焦点是，招标文件明确要求投标人盖单位公章，而中标人盖的却是合同章。严格地说，这是不符合招标文件要求的，正常情况下，在资格审查时就通不过。但由于在资格审查时，工作人员没有发现，而进入了评审环节。评标委员会在评审中又发现，S公司密封的招标文件中有一份公司出具的“公章授权委托书”。

当时，对本案的处理存在两种意见：一种意见认为，应当认定中标结果无效。原因有三条：（一）因招标文件明确要求盖单位公章，而S公司未按招标文件要求实质性响应,应当认定中标结果无效;(二)评标委员会应当根据法律法规和招标文件进行评审,招标文件明确要求盖单位公章,而投标人盖的却是合同章,不符合招标文件要求;(三)如果认同合同章也可以,就改变了招标文件的要求,比较牵强。如果认定中标无效,估计会进入诉讼程序,会涉及授权公章问题。在诉讼中对公章的法律效力认定会比较麻烦。

另一种意见认为,应当维持原中标结果。原因也有三条:(一)S公司虽未按招标文件要求盖单位公章,但在资格审查时未发现,同意其进入下一程序;(二)在评标现场,评标委员会及公证人员均没有表示异议,应当视同认可,默认其授权行为;(三)供应商还出具了公章授权委托书。

S公司认为,如果在资格审查时发现其不符合条件并提出,公司没有意见。现在已经通过了资格审查,且公司出具的委托书具有法律效力,如果做出中标结果无效的决定,S公司不能接受。

本案引发的问题是,认定投标无效、中标无效是否具有法律依据?企业合同章是否具有法律效力?

经向公安、工商等有关部门了解,从广义上说,包括合同章、财务章、业务章等统称为公章,都需在公安、工商部门备案,均具有一定的法律效力。企业在从事经营活动中,经常会使用不同的公章,只要是真实的、对企业有法律约束力的公章,在公安、工商部门备过案的,都是合法有效的。在民法中,只要公章是真实的,就有法律效力,所签订的合同都是有效的。在法律审判实践中,公司刻制的章,只要对企业具有法律约束力,都是合法有效的。外国企业没有公章,只要法人签名就可以,不能因为其没有公章,就不允许其参加政府采购活动。

在本案中,该企业盖的合同章从实质上看,应该没有问题;但在形式上,不符合招标文件要求,有瑕疵。如果资格审查认可,就应该可以;如果企业事前有授权,更没有问题。因此,本案认定投标无效依据不充分。

经反复研究,评标委员会认定中标无效依据不足,法律风险较大。《政府采购货物和服务招标投标管理办法》第七十七条规定,财政部门可以认定中标无效，前提是评标委员会成员“……未按招标文件规定的评标方法和标准进行评标的。……上述行为影响中标结果的，中标结果无效”。第八十二条规定，“有本办法规定的中标无效情形的，由同级或其上级财政部门认定中标无效”。

本案中，虽然S公司最后仍然是中标供应商，但过程曲折，从长期的评审经验看，如前文所言，应使用标准的单位公章较为稳妥。

（四）案例四

某采购机构组织对“特殊教育专用设备采购项目”进行竞争性谈判采购。在现场演示时，评标委员会发现某投标供应商提供的样品中缺少一件“壁挂式刷屏器”。供应商解释：因管制原因运输限制，进口产品无法及时运抵现场展示。若中标一定会履约，并一再恳请评标委员会给予此次投标机会。

听了投标人的陈述，评委们动了恻隐之心，且其所缺部件不是主要样品。评审组长的手机坏了也是因为管制原因暂时无法修理，也可佐证投标人的情况属实。

经评标委员会商议：同意其进入正常评标程序。评标结束后，该供应商未能中标，便向有关部门提出质疑，进而投诉到监管部门。

投诉的主要理由是：招标文件要求提供样品，我公司未带，而评标委员会却没有作无效标处理，不符合招标要求。招标结果违反了相关法律法规，侵犯了投诉人的合法权益，要求判定中标结果无效。

经调查，并征求法律顾问意见，初步认定该招标活动程序不合法，拟责令废标，重新组织招标。

第一，供应商未提供全部样品是否可以参加投标，应根据招标文件规定及评标委员会意见。经仔细查阅招标文件后发现，招标文件规定“请投标人按照招标文件要求提供样品”。在该项招标活动中，要求供应商提供的样品是一组共10个。“有”还是“没有”性质不一样。经进一步调查，评标当天，投诉人按招标文件要求提供了样品，通过了评标委员会的符合性筛选。在现场演示时，发现其样品中缺少一件刷屏器。经评标委员会研究，认为缺少刷屏器不影响系统性能展示，使用主机也可以刷屏，同意其进入正常评标程序，但现场未按规定请专家签字。后调取现场记录请评标委员会全体成员审核后签字确认。

第二，该投标供应商不符合提出质疑、投诉的条件。按照《政府采购法》规定，供应商认为采购文件、采购过程、中标和成交结果使自己合法权益受到损害的，可以提出质疑和投诉。而在该项招标活动中，在投诉人所带样品有缺件、其说明特殊原因、恳请评标委员会给予机会的情况下。投诉人的权益不仅没有受到损害，还是实际受益人，不符合投诉条件。监管部门最终做出了驳回的投诉处理决定。

附件

中华人民共和国政府采购法（2014修正）

【发布部门】全国人大常委会

【发文字号】主席令第14号

【发布日期】2014.08.31

【实施日期】2003.01.01

中华人民共和国政府采购法

（2002年6月29日第九届全国人民代表大会常务委员会第二十八次会议通过　根据2014年8月31日第十二届全国人民代表大会常务委员会第十次会议《关于修改〈中华人民共和国保险法〉等五部法律的决定》修正）

目　录

第一章　总　则

第一条　为了规范政府采购行为，提高政府采购资金的使用效益，维护国家利益和社会公共利益，保护政府采购当事人的合法权益，促进廉政建设，制定本法。

第二条　在中华人民共和国境内进行的政府采购适用本法。

本法所称政府采购，是指各级国家机关、事业单位和团体组织，使用财政性资金采购依法制定的集中采购目录以内的或者采购限额标准以上的货物、工程和服务的行为。

政府集中采购目录和采购限额标准依照本法规定的权限制定。

本法所称采购，是指以合同方式有偿取得货物、工程和服务的行为，包括购买、租赁、委托、雇用等。

本法所称货物，是指各种形态和种类的物品，包括原材料、燃料、设备、产品等。

本法所称工程，是指建设工程，包括建筑物和构筑物的新建、改建、扩建、装修、拆除、修缮等。

本法所称服务，是指除货物和工程以外的其他政府采购对象。

第三条　政府采购应当遵循公开透明原则、公平竞争原则、公正原则和诚实信用原则。

第四条　政府采购工程进行招标投标的，适用招标投标法。

第五条　任何单位和个人不得采用任何方式，阻挠和限制供应商自由进入本地区和本行业的政府采购市场。

第六条　政府采购应当严格按照批准的预算执行。

第七条　政府采购实行集中采购和分散采购相结合。集中采购的范围由省级以上人民政府公布的集中采购目录确定。

属于中央预算的政府采购项目，其集中采购目录由国务院确定并公布；属于地方预算的政府采购项目，其集中采购目录由省、自治区、直辖市人民政府或者其授权的机构确定并公布。

纳入集中采购目录的政府采购项目，应当实行集中采购。

第八条　政府采购限额标准，属于中央预算的政府采购项目，由国务院确定并公布；属于地方预算的政府采购项目，由省、自治区、直辖市人民政府或者其授权的机构确定并公布。

第九条　政府采购应当有助于实现国家的经济和社会发展政策目标，包括保护环境，扶持不发达地区和少数民族地区，促进中小企业发展等。

第十条　政府采购应当采购本国货物、工程和服务。但有下列情形之一的除外：

（一）需要采购的货物、工程或者服务在中国境内无法获取或者无法以合理的商业条件获取的；

（二）为在中国境外使用而进行采购的；

（三）其他法律、行政法规另有规定的。

前款所称本国货物、工程和服务的界定，依照国务院有关规定执行。

第十一条　政府采购的信息应当在政府采购监督管理部门指定的媒体上及时向社会公开发布，但涉及商业秘密的除外。

第十二条　在政府采购活动中，采购人员及相关人员与供应商有利害关系的，必须回避。供应商认为采购人员及相关人员与其他供应商有利害关系的，可以申请其回避。

前款所称相关人员，包括招标采购中评标委员会的组成人员，竞争性谈判采购中谈判小组的组成人员，询价采购中询价小组的组成人员等。

第十三条　各级人民政府财政部门是负责政府采购监督管理的部门，依法履行对政府采购活动的监督管理职责。

各级人民政府其他有关部门依法履行与政府采购活动有关的监督管理职责。

第二章　政府采购当事人

第十四条　政府采购当事人是指在政府采购活动中享有权利和承担义务的各类主体，包括采购人、供应商和采购代理机构等。

第十五条　采购人是指依法进行政府采购的国家机关、事业单位、团体组织。

第十六条　集中采购机构为采购代理机构。设区的市、自治州以上人民政府根据本级政府采购项目组织集中采购的需要设立集中采购机构。

集中采购机构是非营利事业法人,根据采购人的委托办理采购事宜。

第十七条　集中采购机构进行政府采购活动,应当符合采购价格低于市场平均价格、采购效率更高、采购质量优良和服务良好的要求。

第十八条　采购人采购纳入集中采购目录的政府采购项目,必须委托集中采购机构代理采购;采购未纳入集中采购目录的政府采购项目,可以自行采购,也可以委托集中采购机构在委托的范围内代理采购。

纳入集中采购目录属于通用的政府采购项目的,应当委托集中采购机构代理采购;属于本部门、本系统有特殊要求的项目,应当实行部门集中采购;属于本单位有特殊要求的项目,经省级以上人民政府批准,可以自行采购。

第十九条　采购人可以委托集中采购机构以外的采购代理机构,在委托的范围内办理政府采购事宜。

采购人有权自行选择采购代理机构,任何单位和个人不得以任何方式为采购人指定采购代理机构。

第二十条　采购人依法委托采购代理机构办理采购事宜的,应当由采购人与采购代理机构签订委托代理协议,依法确定委托代理的事项,约定双方的权利义务。

第二十一条　供应商是指向采购人提供货物、工程或者服务的法人、其他组织或者自然人。

第二十二条　供应商参加政府采购活动应当具备下列条件:

(一)具有独立承担民事责任的能力;

(二)具有良好的商业信誉和健全的财务会计制度;

(三)具有履行合同所必需的设备和专业技术能力;

(四)有依法缴纳税收和社会保障资金的良好记录;

(五)参加政府采购活动前三年内,在经营活动中没有重大违法记录;

(六)法律、行政法规规定的其他条件。

采购人可以根据采购项目的特殊要求,规定供应商的特定条件,但不得以不合理的条件对供应商实行差别待遇或者歧视待遇。

第二十三条　采购人可以要求参加政府采购的供应商提供有关资质证明文件和业绩情况，并根据本法规定的供应商条件和采购项目对供应商的特定要求，对供应商的资格进行审查。

第二十四条　两个以上的自然人、法人或者其他组织可以组成一个联合体，以一个供应商的身份共同参加政府采购。

以联合体形式进行政府采购的，参加联合体的供应商均应当具备本法第二十二条规定的条件，并应当向采购人提交联合协议，载明联合体各方承担的工作和义务。联合体各方应当共同与采购人签订采购合同，就采购合同约定的事项对采购人承担连带责任。

第二十五条　政府采购当事人不得相互串通损害国家利益、社会公共利益和其他当事人的合法权益；不得以任何手段排斥其他供应商参与竞争。

供应商不得以向采购人、采购代理机构、评标委员会的组成人员、竞争性谈判小组的组成人员、询价小组的组成人员行贿或者采取其他不正当手段谋取中标或者成交。

采购代理机构不得以向采购人行贿或者采取其他不正当手段谋取非法利益。

第三章　政府采购方式

第二十六条　政府采购采用以下方式：

（一）公开招标；

（二）邀请招标；

（三）竞争性谈判；

（四）单一来源采购；

（五）询价；

（六）国务院政府采购监督管理部门认定的其他采购方式。

公开招标应作为政府采购的主要采购方式。

第二十七条　采购人采购货物或者服务应当采用公开招标方式的，其具体数额标准，属于中央预算的政府采购项目，由国务院规定；属于地方预算的政府采购项目，由省、自治区、直辖市人民政府规定；因特殊情况需要采用公开招标以外的采购方式的，应当在采购活动开始前获得设区的市、自治州以上人民政府采购监督管理部门的批准。

第二十八条　采购人不得将应当以公开招标方式采购的货物或者服务化整为零或者以其他任何方式规避公开招标采购。

第二十九条　符合下列情形之一的货物或者服务，可以依照本法采用邀请招标方式采购：

（一）具有特殊性，只能从有限范围的供应商处采购的；

（二）采用公开招标方式的费用占政府采购项目总价值的比例过大的。

第三十条　符合下列情形之一的货物或者服务，可以依照本法采用竞争性谈判方式采购：

（一）招标后没有供应商投标或者没有合格标的或者重新招标未能成立的；

（二）技术复杂或者性质特殊，不能确定详细规格或者具体要求的；

（三）采用招标所需时间不能满足用户紧急需要的；

（四）不能事先计算出价格总额的。

第三十一条　符合下列情形之一的货物或者服务，可以依照本法采用单一来源方式采购：

（一）只能从唯一供应商处采购的；

（二）发生了不可预见的紧急情况不能从其他供应商处采购的；

（三）必须保证原有采购项目一致性或者服务配套的要求，需要继续从原供应商处添购，且添购资金总额不超过原合同采购金额百分之十的。

第三十二条　采购的货物规格、标准统一、现货货源充足且价格变化幅度小的政府采购项目，可以依照本法采用询价方式采购。

第四章　政府采购程序

第三十三条　负有编制部门预算职责的部门在编制下一财政年度部门预算时，应当将该财政年度政府采购的项目及资金预算列出，报本级财政部门汇总。部门预算的审批，按预算管理权限和程序进行。

第三十四条　货物或者服务项目采取邀请招标方式采购的，采购人应当从符合相应资格条件的供应商中，通过随机方式选择三家以上的供应商，并向其发出投标邀请书。

第三十五条　货物和服务项目实行招标方式采购的，自招标文件开始发出之日起至投标人提交投标文件截止之日止，不得少于二十日。

第三十六条　在招标采购中，出现下列情形之一的，应予废标：

（一）符合专业条件的供应商或者对招标文件作实质响应的供应商不足三家的；

（二）出现影响采购公正的违法、违规行为的；

（三）投标人的报价均超过了采购预算，采购人不能支付的；

（四）因重大变故，采购任务取消的。

废标后，采购人应当将废标理由通知所有投标人。

第三十七条　废标后，除采购任务取消情形外，应当重新组织招标；需要采取其他方式采购的，应当在采购活动开始前获得设区的市、自治州以上人民政府采购监督管理部门或者政府有关部门批准。

第三十八条　采用竞争性谈判方式采购的，应当遵循下列程序：

（一）成立谈判小组。谈判小组由采购人的代表和有关专家共三人以上的单数组成，其中专家的人数不得少于成员总数的三分之二。

（二）制定谈判文件。谈判文件应当明确谈判程序、谈判内容、合同草案的条款以及评定成交的标准等事项。

（三）确定邀请参加谈判的供应商名单。谈判小组从符合相应资格条件的供应商名单中确定不少于三家的供应商参加谈判，并向其提供谈判文件。

（四）谈判。谈判小组所有成员集中与单一供应商分别进行谈判。在谈判中，谈判的任何一方不得透露与谈判有关的其他供应商的技术资料、价格和其他信息。谈判文件有实质性变动的，谈判小组应当以书面形式通知所有参加谈判的供应商。

（五）确定成交供应商。谈判结束后，谈判小组应当要求所有参加谈判的供应商在规定时间内进行最后报价，采购人从谈判小组提出的成交候选人中根据符合采购需求、质量和服务相等且报价最低的原则确定成交供应商，并将结果通知所有参加谈判的未成交的供应商。

第三十九条　采取单一来源方式采购的，采购人与供应商应当遵循本法规定的原则，在保证采购项目质量和双方商定合理价格的基础上进行采购。

第四十条　采取询价方式采购的，应当遵循下列程序：

（一）成立询价小组。询价小组由采购人的代表和有关专家共三人以上的单数组成，其中专家的人数不得少于成员总数的三分之二。询价小组应当对采购项目的价格构成和评定成交的标准等事项作出规定。

（二）确定被询价的供应商名单。询价小组根据采购需求，从符合相应资格条件的供应商名单中确定不少于三家的供应商，并向其发出询价通知书让其报价。

（三）询价。询价小组要求被询价的供应商一次报出不得更改的价格。

（四）确定成交供应商。采购人根据符合采购需求、质量和服务相等且报价最低的原则确定成交供应商，并将结果通知所有被询价的未成交的供应商。

第四十一条　采购人或者其委托的采购代理机构应当组织对供应商履约的验收。大型或者复杂的政府采购项目，应当邀请国家认可的质量检测机构参加验收工作。验收方成员应当在验收书上签字，并承担相应的法律责任。

第四十二条　采购人、采购代理机构对政府采购项目每项采购活动的采购文件应当妥善保存，不得伪造、变造、隐匿或者销毁。采购文件的保存期限为从采购结束之日起至少保存十五年。

采购文件包括采购活动记录、采购预算、招标文件、投标文件、评标标准、评估报告、定标文件、合同文本、验收证明、质疑答复、投诉处理决定及其他有关文件、资料。

采购活动记录至少应当包括下列内容：

（一）采购项目类别、名称；

（二）采购项目预算、资金构成和合同价格；

（三）采购方式，采用公开招标以外的采购方式的，应当载明原因；

（四）邀请和选择供应商的条件及原因；

（五）评标标准及确定中标人的原因；

（六）废标的原因；

（七）采用招标以外采购方式的相应记载。

第五章　政府采购合同

第四十三条　政府采购合同适用合同法。采购人和供应商之间的权利和义务，应当按照平等、自愿的原则以合同方式约定。

采购人可以委托采购代理机构代表其与供应商签订政府采购合同。由采购代理机构以采购人名义签订合同的，应当提交采购人的授权委托书，作为合同附件。

第四十四条　政府采购合同应当采用书面形式。

第四十五条　国务院政府采购监督管理部门应当会同国务院有关部门，规定政府采购合同必须具备的条款。

第四十六条　采购人与中标、成交供应商应当在中标、成交通知书发出之日起三十日内，按照采购文件确定的事项签订政府采购合同。

中标、成交通知书对采购人和中标、成交供应商均具有法律效力。中标、成交通知书发出后，采购人改变中标、成交结果的，或者中标、成交供应商放弃中标、成交项目的，应当依法承担法律责任。

第四十七条　政府采购项目的采购合同自签订之日起七个工作日内，采购人应当将合同副本报同级政府采购监督管理部门和有关部门备案。

第四十八条　经采购人同意，中标、成交供应商可以依法采取分包方式履行合同。

政府采购合同分包履行的，中标、成交供应商就采购项目和分包项目向采购人负责，分包供应商就分包项目承担责任。

第四十九条　政府采购合同履行中，采购人需追加与合同标的相同的货物、工程或者服务的，在不改变合同其他条款的前提下，可以与供应商协商签订补充合同，但所有补充合同的采购金额不得超过原合同采购金额的百分之十。

第五十条　政府采购合同的双方当事人不得擅自变更、中止或者终止合同。

政府采购合同继续履行将损害国家利益和社会公共利益的，双方当事人应当变更、中止或者终止合同。有过错的一方应当承担赔偿责任，双方都有过错的，各自承担相应的责任。

第六章　质疑与投诉

第五十一条　供应商对政府采购活动事项有疑问的，可以向采购人提出询问，采购人应当及时作出答复，但答复的内容不得涉及商业秘密。

第五十二条　供应商认为采购文件、采购过程和中标、成交结果使自己的权益受到损害的，可以在知道或者应知其权益受到损害之日起七个工作日内，以书面形式向采购人提出质疑。

第五十三条　采购人应当在收到供应商的书面质疑后七个工作日内作出答复，并以书面形式通知质疑供应商和其他有关供应商，但答复的内容不得涉及商业秘密。

第五十四条　采购人委托采购代理机构采购的，供应商可以向采购代理机构提出询问或者质疑，采购代理机构应当依照本法第五十一条、第五十三条的规定就采购人委托授权范围内的事项作出答复。

第五十五条　质疑供应商对采购人、采购代理机构的答复不满意或者采购人、采购代理机构未在规定的时间内作出答复的，可以在答复期满后十五个工作日内向同级政府采购监督管理部门投诉。

第五十六条　政府采购监督管理部门应当在收到投诉后三十个工作日内,对投诉事项作出处理决定,并以书面形式通知投诉人和与投诉事项有关的当事人。

第五十七条　政府采购监督管理部门在处理投诉事项期间,可以视具体情况书面通知采购人暂停采购活动,但暂停时间最长不得超过三十日。

第五十八条　投诉人对政府采购监督管理部门的投诉处理决定不服或者政府采购监督管理部门逾期未作处理的,可以依法申请行政复议或者向人民法院提起行政诉讼。

第七章　监督检查

第五十九条　政府采购监督管理部门应当加强对政府采购活动及集中采购机构的监督检查。

监督检查的主要内容是:

(一)有关政府采购的法律、行政法规和规章　的执行情况;

(二)采购范围、采购方式和采购程序的执行情况;

(三)政府采购人员的职业素质和专业技能。

第六十条　政府采购监督管理部门不得设置集中采购机构,不得参与政府采购项目的采购活动。

采购代理机构与行政机关不得存在隶属关系或者其他利益关系。

第六十一条　集中采购机构应当建立健全内部监督管理制度。采购活动的决策和执行程序应当明确,并相互监督、相互制约。经办采购的人员与负责采购合同审核、验收人员的职责权限应当明确,并相互分离。

第六十二条　集中采购机构的采购人员应当具有相关职业素质和专业技能,符合政府采购监督管理部门规定的专业岗位任职要求。

集中采购机构对其工作人员应当加强教育和培训;对采购人员的专业水平、工作实绩和职业道德状况定期进行考核。采购人员经考核不合格的,不得继续任职。

第六十三条　政府采购项目的采购标准应当公开。

采用本法规定的采购方式的,采购人在采购活动完成后,应当将采购结果予以公布。

第六十四条　采购人必须按照本法规定的采购方式和采购程序进行采购。

任何单位和个人不得违反本法规定,要求采购人或者采购工作人员向其指定的供应商进行采购。

第六十五条　政府采购监督管理部门应当对政府采购项目的采购活动进行检查,政府采购当事人应当如实反映情况,提供有关材料。

第六十六条　政府采购监督管理部门应当对集中采购机构的采购价格、节约资金效果、服务质量、信誉状况、有无违法行为等事项进行考核,并定期如实公布考核结果。

第六十七条　依照法律、行政法规的规定对政府采购负有行政监督职责的政府有关部门,应当按照其职责分工,加强对政府采购活动的监督。

第六十八条　审计机关应当对政府采购进行审计监督。政府采购监督管理部门、政府采购各当事人有关政府采购活动,应当接受审计机关的审计监督。

第六十九条　监察机关应当加强对参与政府采购活动的国家机关、国家公务员和国家行政机关任命的其他人员实施监察。

第七十条　任何单位和个人对政府采购活动中的违法行为,有权控告和检举,有关部门、机关应当依照各自职责及时处理。

第八章　法律责任

第七十一条　采购人、采购代理机构有下列情形之一的,责令限期改正,给予警告,可以并处罚款,对直接负责的主管人员和其他直接责任人员,由其行政主管部门或者有关机关给予处分,并予通报:

(一)应当采用公开招标方式而擅自采用其他方式采购的;

(二)擅自提高采购标准的;

(三)以不合理的条件对供应商实行差别待遇或者歧视待遇的;

(四)在招标采购过程中与投标人进行协商谈判的;

(五)中标、成交通知书发出后不与中标、成交供应商签订采购合同的;

(六)拒绝有关部门依法实施监督检查的。

第七十二条　采购人、采购代理机构及其工作人员有下列情形之一,构成犯罪的,依法追究刑事责任;尚不构成犯罪的,处以罚款,有违法所得的,并处没收违法所得,属于国家机关工作人员的,依法给予行政处分:

(一)与供应商或者采购代理机构恶意串通的;

(二)在采购过程中接受贿赂或者获取其他不正当利益的;

(三)在有关部门依法实施的监督检查中提供虚假情况的;

(四)开标前泄露标底的。

第七十三条　有前两条违法行为之一影响中标、成交结果或者可能影响中标、成交结果的,按下列情况分别处理:

(一)未确定中标、成交供应商的,终止采购活动;

(二)中标、成交供应商已经确定但采购合同尚未履行的,撤销合同,从合格的中标、成交候选人中另行确定中标、成交供应商;

(三)采购合同已经履行的,给采购人、供应商造成损失的,由责任人承担赔偿责任。

第七十四条　采购人对应当实行集中采购的政府采购项目,不委托集中采购机构实行集中采购的,由政府采购监督管理部门责令改正;拒不改正的,停止按预算向其支付资金,由其上级行政主管部门或者有关机关依法给予其直接负责的主管人员和其他直接责任人员处分。

第七十五条　采购人未依法公布政府采购项目的采购标准和采购结果的,责令改正,对直接负责的主管人员依法给予处分。

第七十六条　采购人、采购代理机构违反本法规定隐匿、销毁应当保存的采购文件或者伪造、变造采购文件的，由政府采购监督管理部门处以二万元以上十万元以下的罚款，对其直接负责的主管人员和其他直接责任人员依法给予处分；构成犯罪的，依法追究刑事责任。

第七十七条　供应商有下列情形之一的，处以采购金额千分之五以上千分之十以下的罚款，列入不良行为记录名单，在一至三年内禁止参加政府采购活动，有违法所得的，并处没收违法所得，情节严重的，由工商行政管理机关吊销营业执照；构成犯罪的，依法追究刑事责任：

（一）提供虚假材料谋取中标、成交的；

（二）采取不正当手段诋毁、排挤其他供应商的；

（三）与采购人、其他供应商或者采购代理机构恶意串通的；

（四）向采购人、采购代理机构行贿或者提供其他不正当利益的；

（五）在招标采购过程中与采购人进行协商谈判的；

（六）拒绝有关部门监督检查或者提供虚假情况的。

供应商有前款第（一）至（五）项情形之一的，中标、成交无效。

第七十八条　采购代理机构在代理政府采购业务中有违法行为的，按照有关法律规定处以罚款，可以在一至三年内禁止其代理政府采购业务，构成犯罪的，依法追究刑事责任。

第七十九条　政府采购当事人有本法第七十一条、第七十二条、第七十七条违法行为之一，给他人造成损失的，并应依照有关民事法律规定承担民事责任。

第八十条　政府采购监督管理部门的工作人员在实施监督检查中违反本法规定滥用职权，玩忽职守，徇私舞弊的，依法给予行政处分；构成犯罪的，依法追究刑事责任。

第八十一条　政府采购监督管理部门对供应商的投诉逾期未作处理的，给予直接负责的主管人员和其他直接责任人员行政处分。

第八十二条　政府采购监督管理部门对集中采购机构业绩的考核，有虚假陈述，隐瞒真实情况的，或者不作定期考核和公布考核结果的，应当及时纠正，由其上级机关或者监察机关对其负责人进行通报，并对直接负责的人员依法给予行政处分。

集中采购机构在政府采购监督管理部门考核中，虚报业绩，隐瞒真实情况的，处以二万元以上二十万元以下的罚款，并予以通报；情节严重的，取消其代理采购的资格。

第八十三条　任何单位或者个人阻挠和限制供应商进入本地区或者本行业政府采购市场的，责令限期改正；拒不改正的，由该单位、个人的上级行政主管部门或者有关机关给予单位责任人或者个人处分。

第九章　附　则

第八十四条　使用国际组织和外国政府贷款进行的政府采购，贷款方、资金提供方与中方达成的协议对采购的具体条件另有规定的，可以适用其规定，但不得损害国家利益和社会公共利益。

第八十五条　对因严重自然灾害和其他不可抗力事件所实施的紧急采购和涉及国家安全和秘密的采购，不适用本法。

第八十六条　军事采购法规由中央军事委员会另行制定。

第八十七条　本法实施的具体步骤和办法由国务院规定。

第八十八条　本法自2003年1月1日起施行。

中华人民共和国政府采购法实施条例

中华人民共和国国务院令

第 658 号

《中华人民共和国政府采购法实施条例》已经2014年12月31日国务院第75次常务会议通过，现予公布，自2015年3月1日起施行。

总　理　李克强

2015年1月30日

中华人民共和国政府采购法实施条例

第一章　总则

第一条　根据《中华人民共和国政府采购法》（以下简称政府采购法），制定本条例。

第二条　政府采购法第二条所称财政性资金是指纳入预算管理的资金。

以财政性资金作为还款来源的借贷资金，视同财政性资金。

国家机关、事业单位和团体组织的采购项目既使用财政性资金又使用非财政性资金的，使用财政性资金采购的部分，适用政府采购法及本条例；财政性资金与非财政性资金无法分割采购的，统一适用政府采购法及本条例。

政府采购法第二条所称服务，包括政府自身需要的服务和政府向社会公众提供的公共服务。

第三条　集中采购目录包括集中采购机构采购项目和部门集中采购项目。

技术、服务等标准统一，采购人普遍使用的项目，列为集中采购机构采购项目；采购人本部门、本系统基于业务需要有特殊要求，可以统一采购的项目，列为部门集中采购项目。

第四条　政府采购法所称集中采购，是指采购人将列入集中采购目录的项目委托集中采购机构代理采购或者进行部门集中采购的行为；所称分散采购，是指采购人将采购限额标准以上的未列入集中采购目录的项目自行采购或者委托采购代理机构代理采购的行为。

第五条　省、自治区、直辖市人民政府或者其授权的机构根据实际情况，可以确定分别适用于本行政区域省级、设区的市级、县级的集中采购目录和采购限额标准。

第六条　国务院财政部门应当根据国家的经济和社会发展政策，会同国务院有关部门制定政府采购政策，通过制定采购需求标准、预留采购份额、价格评审优惠、优先采购等措施，实现节约能源、保护环境、扶持不发达地区和少数民族地区、促进中小企业发展等目标。

第七条　政府采购工程以及与工程建设有关的货物、服务，采用招标方式采购的，适用《中华人民共和国招标投标法》及其实施条例；采用其他方式采购的，适用政府采购法及本条例。

前款所称工程，是指建设工程，包括建筑物和构筑物的新建、改建、扩建及其相关的装修、拆除、修缮等；所称与工程建设有关的货物，是指构成工程不可分割的组成部分，且为实现工程基本功能所必需的设备、材料等；所称与工程建设有关的服务，是指为完成工程所需的勘察、设计、监理等服务。

政府采购工程以及与工程建设有关的货物、服务，应当执行政府采购政策。

第八条　政府采购项目信息应当在省级以上人民政府财政部门指定的媒体上发布。采购项目预算金额达到国务院财政部门规定标准的，政府采购项目信息应当在国务院财政部门指定的媒体上发布。

第九条　在政府采购活动中，采购人员及相关人员与供应商有下列利害关系之一的，应当回避：

（一）参加采购活动前3年内与供应商存在劳动关系；

（二）参加采购活动前3年内担任供应商的董事、监事；

（三）参加采购活动前3年内是供应商的控股股东或者实际控制人；

（四）与供应商的法定代表人或者负责人有夫妻、直系血亲、三代以内旁系血亲或者近姻亲关系；

（五）与供应商有其他可能影响政府采购活动公平、公正进行的关系。

供应商认为采购人员及相关人员与其他供应商有利害关系的，可以向采购人或者采购代理机构书面提出回避申请，并说明理由。采购人或者采购代理机构应当及时询问被申请回避人员，有利害关系的被申请回避人员应当回避。

第十条　国家实行统一的政府采购电子交易平台建设标准，推动利用信息网络进行电子化政府采购活动。

第二章　政府采购当事人

第十一条　采购人在政府采购活动中应当维护国家利益和社会公共利益，公正廉洁，诚实守信，执行政府采购政策，建立政府采购内部管理制度，厉行节约，科学合理确定采购需求。

采购人不得向供应商索要或者接受其给予的赠品、回扣或者与采购无关的其他商品、服务。

第十二条　政府采购法所称采购代理机构，是指集中采购机构和集中采购机构以外的采购代理机构。

集中采购机构是设区的市级以上人民政府依法设立的非营利事业法人，是代理集中采购项目的执行机构。集中采购机构应当根据采购人委托制定集中采购项目的实施方案，明确采购规程，组织政府采购活动，不得将集中采购项目转委托。集中采购机构以外的采购代理机构，是从事采购代理业务的社会中介机构。

第十三条　采购代理机构应当建立完善的政府采购内部监督管理制度，具备开展政府采购业务所需的评审条件和设施。

采购代理机构应当提高确定采购需求，编制招标文件、谈判文件、询价通知书，拟订合同文本和优化采购程序的专业化服务水平，根据采购人委托在规定的时间内及时组织采购人与中标或者成交供应商签订政府采购合同，及时协助采购人对采购项目进行验收。

第十四条　采购代理机构不得以不正当手段获取政府采购代理业务，不得与采购人、供应商恶意串通操纵政府采购活动。

采购代理机构工作人员不得接受采购人或者供应商组织的宴请、旅游、娱乐，不得收受礼品、现金、有价证券等，不得向采购人或者供应商报销应当由个人承担的费用。

第十五条　采购人、采购代理机构应当根据政府采购政策、采购预算、采购需求编制采购文件。

采购需求应当符合法律法规以及政府采购政策规定的技术、服务、安全等要求。政府向社会公众提供的公共服务项目，应当就确定采购需求征求社会公众的意见。除因技术复杂或者性质特殊，不能确定详细规格或者具体要求外，采购需求应当完整、明确。必要时，应当就确定采购需求征求相关供应商、专家的意见。

第十六条　政府采购法第二十条规定的委托代理协议，应当明确代理采购的范围、权限和期限等具体事项。

采购人和采购代理机构应当按照委托代理协议履行各自义务，采购代理机构不得超越代理权限。

第十七条　参加政府采购活动的供应商应当具备政府采购法第二十二条第一款规定的条件，提供下列材料：

（一）法人或者其他组织的营业执照等证明文件，自然人的身份证明；

（二）财务状况报告，依法缴纳税收和社会保障资金的相关材料；

（三）具备履行合同所必需的设备和专业技术能力的证明材料；

（四）参加政府采购活动前3年内在经营活动中没有重大违法记录的书面声明；

（五）具备法律、行政法规规定的其他条件的证明材料。

采购项目有特殊要求的，供应商还应当提供其符合特殊要求的证明材料或者情况说明。

第十八条　单位负责人为同一人或者存在直接控股、管理关系的不同供应商，不得参加同一合同项下的政府采购活动。

除单一来源采购项目外，为采购项目提供整体设计、规范编制或者项目管理、监理、检测等服务的供应商，不得再参加该采购项目的其他采购活动。

第十九条　政府采购法第二十二条第一款第五项所称重大违法记录，是指供应商因违法经营受到刑事处罚或者责令停产停业、吊销许可证或者执照、较大数额罚款等行政处罚。

供应商在参加政府采购活动前3年内因违法经营被禁止在一定期限内参加政府采购活动，期限届满的，可以参加政府采购活动。

第二十条　采购人或者采购代理机构有下列情形之一的，属于以不合理的条件对供应商实行差别待遇或者歧视待遇：

（一）就同一采购项目向供应商提供有差别的项目信息；

（二）设定的资格、技术、商务条件与采购项目的具体特点和实际需要不相适应或者与合同履行无关；

（三）采购需求中的技术、服务等要求指向特定供应商、特定产品；

（四）以特定行政区域或者特定行业的业绩、奖项作为加分条件或者中标、成交条件；

（五）对供应商采取不同的资格审查或者评审标准；

（六）限定或者指定特定的专利、商标、品牌或者供应商；

（七）非法限定供应商的所有制形式、组织形式或者所在地；

（八）以其他不合理条件限制或者排斥潜在供应商。

第二十一条　采购人或者采购代理机构对供应商进行资格预审的，资格预审公告应当在省级以上人民政府财政部门指定的媒体上发布。已进行资格预审的，评审阶段可以不再对供应商资格进行审查。资格预审合格的供应商在评审阶段资格发生变化的，应当通知采购人和采购代理机构。

资格预审公告应当包括采购人和采购项目名称、采购需求、对供应商的资格要求以及供应商提交资格预审申请文件的时间和地点。提交资格预审申请文件的时间自公告发布之日起不得少于5个工作日。

第二十二条　联合体中有同类资质的供应商按照联合体分工承担相同工作的,应当按照资质等级较低的供应商确定资质等级。

以联合体形式参加政府采购活动的,联合体各方不得再单独参加或者与其他供应商另外组成联合体参加同一合同项下的政府采购活动。

第三章　政府采购方式

第二十三条　采购人采购公开招标数额标准以上的货物或者服务,符合政府采购法第二十九条、第三十条、第三十一条、第三十二条规定情形或者有需要执行政府采购政策等特殊情况的,经设区的市级以上人民政府财政部门批准,可以依法采用公开招标以外的采购方式。

第二十四条　列入集中采购目录的项目,适合实行批量集中采购的,应当实行批量集中采购,但紧急的小额零星货物项目和有特殊要求的服务、工程项目除外。

第二十五条　政府采购工程依法不进行招标的,应当依照政府采购法和本条例规定的竞争性谈判或者单一来源采购方式采购。

第二十六条　政府采购法第三十条第三项规定的情形,应当是采购人不可预见的或者非因采购人拖延导致的;第四项规定的情形,是指因采购艺术品或者因专利、专有技术或者因服务的时间、数量事先不能确定等导致不能事先计算出价格总额。

第二十七条　政府采购法第三十一条第一项规定的情形,是指因货物或者服务使用不可替代的专利、专有技术,或者公共服务项目具有特殊要求,导致只能从某一特定供应商处采购。

第二十八条　在一个财政年度内,采购人将一个预算项目下的同一品目或者类别的货物、服务采用公开招标以外的方式多次采购,累计资金数额超过公开招标数额标准的，属于以化整为零方式规避公开招标，但项目预算调整或者经批准采用公开招标以外方式采购除外。

第四章　政府采购程序

第二十九条　采购人应当根据集中采购目录、采购限额标准和已批复的部门预算编制政府采购实施计划，报本级人民政府财政部门备案。

第三十条　采购人或者采购代理机构应当在招标文件、谈判文件、询价通知书中公开采购项目预算金额。

第三十一条　招标文件的提供期限自招标文件开始发出之日起不得少于5个工作日。

采购人或者采购代理机构可以对已发出的招标文件进行必要的澄清或者修改。澄清或者修改的内容可能影响投标文件编制的，采购人或者采购代理机构应当在投标截止时间至少15日前，以书面形式通知所有获取招标文件的潜在投标人；不足15日的，采购人或者采购代理机构应当顺延提交投标文件的截止时间。

第三十二条　采购人或者采购代理机构应当按照国务院财政部门制定的招标文件标准文本编制招标文件。

招标文件应当包括采购项目的商务条件、采购需求、投标人的资格条件、投标报价要求、评标方法、评标标准以及拟签订的合同文本等。

第三十三条　招标文件要求投标人提交投标保证金的，投标保证金不得超过采购项目预算金额的2%。投标保证金应当以支票、汇票、本票或者金融机构、担保机构出具的保函等非现金形式提交。投标人未按照招标文件要求提交投标保证金的，投标无效。

采购人或者采购代理机构应当自中标通知书发出之日起5个工作日内退还未中标供应商的投标保证金，自政府采购合同签订之日起5个工作日内退还中标供应商的投标保证金。

竞争性谈判或者询价采购中要求参加谈判或者询价的供应商提交保证金

的，参照前两款的规定执行。

第三十四条　政府采购招标评标方法分为最低评标价法和综合评分法。

最低评标价法，是指投标文件满足招标文件全部实质性要求且投标报价最低的供应商为中标候选人的评标方法。综合评分法，是指投标文件满足招标文件全部实质性要求且按照评审因素的量化指标评审得分最高的供应商为中标候选人的评标方法。

技术、服务等标准统一的货物和服务项目，应当采用最低评标价法。

采用综合评分法的，评审标准中的分值设置应当与评审因素的量化指标相对应。

招标文件中没有规定的评标标准不得作为评审的依据。

第三十五条　谈判文件不能完整、明确列明采购需求，需要由供应商提供最终设计方案或者解决方案的，在谈判结束后，谈判小组应当按照少数服从多数的原则投票推荐3家以上供应商的设计方案或者解决方案，并要求其在规定时间内提交最后报价。

第三十六条　询价通知书应当根据采购需求确定政府采购合同条款。在询价过程中，询价小组不得改变询价通知书所确定的政府采购合同条款。

第三十七条　政府采购法第三十八条第五项、第四十条第四项所称质量和服务相等，是指供应商提供的产品质量和服务均能满足采购文件规定的实质性要求。

第三十八条　达到公开招标数额标准，符合政府采购法第三十一条第一项规定情形，只能从唯一供应商处采购的，采购人应当将采购项目信息和唯一供应商名称在省级以上人民政府财政部门指定的媒体上公示，公示期不得少于5个工作日。

第三十九条　除国务院财政部门规定的情形外，采购人或者采购代理机构应当从政府采购评审专家库中随机抽取评审专家。

第四十条　政府采购评审专家应当遵守评审工作纪律，不得泄露评审文件、评审情况和评审中获悉的商业秘密。

评标委员会、竞争性谈判小组或者询价小组在评审过程中发现供应商有行贿、提供虚假材料或者串通等违法行为的，应当及时向财政部门报告。

政府采购评审专家在评审过程中受到非法干预的，应当及时向财政、监察等部门举报。

第四十一条 评标委员会、竞争性谈判小组或者询价小组成员应当按照客观、公正、审慎的原则，根据采购文件规定的评审程序、评审方法和评审标准进行独立评审。采购文件内容违反国家有关强制性规定的，评标委员会、竞争性谈判小组或者询价小组应当停止评审并向采购人或者采购代理机构说明情况。

评标委员会、竞争性谈判小组或者询价小组成员应当在评审报告上签字，对自己的评审意见承担法律责任。对评审报告有异议的，应当在评审报告上签署不同意见，并说明理由，否则视为同意评审报告。

第四十二条 采购人、采购代理机构不得向评标委员会、竞争性谈判小组或者询价小组的评审专家作倾向性、误导性的解释或者说明。

第四十三条 采购代理机构应当自评审结束之日起2个工作日内将评审报告送交采购人。采购人应当自收到评审报告之日起5个工作日内在评审报告推荐的中标或者成交候选人中按顺序确定中标或者成交供应商。

采购人或者采购代理机构应当自中标、成交供应商确定之日起2个工作日内，发出中标、成交通知书，并在省级以上人民政府财政部门指定的媒体上公告中标、成交结果，招标文件、竞争性谈判文件、询价通知书随中标、成交结果同时公告。

中标、成交结果公告内容应当包括采购人和采购代理机构的名称、地址、联系方式，项目名称和项目编号，中标或者成交供应商名称、地址和中标或者成交金额，主要中标或者成交标的的名称、规格型号、数量、单价、服务要求以及评审专家名单。

第四十四条 除国务院财政部门规定的情形外，采购人、采购代理机构不得以任何理由组织重新评审。采购人、采购代理机构按照国务院财政部门的规定组织重新评审的，应当书面报告本级人民政府财政部门。

采购人或者采购代理机构不得通过对样品进行检测、对供应商进行考察等方式改变评审结果。

第四十五条　采购人或者采购代理机构应当按照政府采购合同规定的技术、服务、安全标准组织对供应商履约情况进行验收，并出具验收书。验收书应当包括每一项技术、服务、安全标准的履约情况。

政府向社会公众提供的公共服务项目，验收时应当邀请服务对象参与并出具意见，验收结果应当向社会公告。

第四十六条　政府采购法第四十二条规定的采购文件，可以用电子档案方式保存。

第五章　政府采购合同

第四十七条　国务院财政部门应当会同国务院有关部门制定政府采购合同标准文本。

第四十八条　采购文件要求中标或者成交供应商提交履约保证金的，供应商应当以支票、汇票、本票或者金融机构、担保机构出具的保函等非现金形式提交。履约保证金的数额不得超过政府采购合同金额的10%。

第四十九条　中标或者成交供应商拒绝与采购人签订合同的，采购人可以按照评审报告推荐的中标或者成交候选人名单排序，确定下一候选人为中标或者成交供应商，也可以重新开展政府采购活动。

第五十条　采购人应当自政府采购合同签订之日起2个工作日内，将政府采购合同在省级以上人民政府财政部门指定的媒体上公告，但政府采购合同中涉及国家秘密、商业秘密的内容除外。

第五十一条　采购人应当按照政府采购合同规定，及时向中标或者成交供应商支付采购资金。

政府采购项目资金支付程序，按照国家有关财政资金支付管理的规定执行。

第六章　质疑与投诉

第五十二条　采购人或者采购代理机构应当在3个工作日内对供应商依法提出的询问作出答复。

供应商提出的询问或者质疑超出采购人对采购代理机构委托授权范围的，采购代理机构应当告知供应商向采购人提出。

政府采购评审专家应当配合采购人或者采购代理机构答复供应商的询问和质疑。

第五十三条　政府采购法第五十二条规定的供应商应知其权益受到损害之日，是指：

（一）对可以质疑的采购文件提出质疑的，为收到采购文件之日或者采购文件公告期限届满之日；

（二）对采购过程提出质疑的，为各采购程序环节结束之日；

（三）对中标或者成交结果提出质疑的，为中标或者成交结果公告期限届满之日。

第五十四条　询问或者质疑事项可能影响中标、成交结果的，采购人应当暂停签订合同，已经签订合同的，应当中止履行合同。

第五十五条　供应商质疑、投诉应当有明确的请求和必要的证明材料。供应商投诉的事项不得超出已质疑事项的范围。

第五十六条　财政部门处理投诉事项采用书面审查的方式，必要时可以进行调查取证或者组织质证。

对财政部门依法进行的调查取证，投诉人和与投诉事项有关的当事人应当如实反映情况，并提供相关材料。

第五十七条　投诉人捏造事实、提供虚假材料或者以非法手段取得证明材料进行投诉的，财政部门应当予以驳回。

财政部门受理投诉后，投诉人书面申请撤回投诉的，财政部门应当终止投诉处理程序。

第五十八条　财政部门处理投诉事项，需要检验、检测、鉴定、专家评审以及需要投诉人补正材料的，所需时间不计算在投诉处理期限内。

财政部门对投诉事项作出的处理决定，应当在省级以上人民政府财政部门指定的媒体上公告。

第七章　监督检查

第五十九条　政府采购法第六十三条所称政府采购项目的采购标准，是指项目采购所依据的经费预算标准、资产配置标准和技术、服务标准等。

第六十条　除政府采购法第六十六条规定的考核事项外，财政部门对集中采购机构的考核事项还包括：

（一）政府采购政策的执行情况；

（二）采购文件编制水平；

（三）采购方式和采购程序的执行情况；

（四）询问、质疑答复情况；

（五）内部监督管理制度建设及执行情况；

（六）省级以上人民政府财政部门规定的其他事项。

财政部门应当制定考核计划，定期对集中采购机构进行考核，考核结果有重要情况的，应当向本级人民政府报告。

第六十一条　采购人发现采购代理机构有违法行为的，应当要求其改正。采购代理机构拒不改正的，采购人应当向本级人民政府财政部门报告，财政部门应当依法处理。

采购代理机构发现采购人的采购需求存在以不合理条件对供应商实行差别待遇、歧视待遇或者其他不符合法律、法规和政府采购政策规定内容，或者发现采购人有其他违法行为的，应当建议其改正。采购人拒不改正的，采购代理机构应当向采购人的本级人民政府财政部门报告，财政部门应当依法处理。

第六十二条　省级以上人民政府财政部门应当对政府采购评审专家库实行动态管理，具体管理办法由国务院财政部门制定。

采购人或者采购代理机构应当对评审专家在政府采购活动中的职责履行

情况予以记录,并及时向财政部门报告。

第六十三条　各级人民政府财政部门和其他有关部门应当加强对参加政府采购活动的供应商、采购代理机构、评审专家的监督管理,对其不良行为予以记录,并纳入统一的信用信息平台。

第六十四条　各级人民政府财政部门对政府采购活动进行监督检查,有权查阅、复制有关文件、资料,相关单位和人员应当予以配合。

第六十五条　审计机关、监察机关以及其他有关部门依法对政府采购活动实施监督,发现采购当事人有违法行为的,应当及时通报财政部门。

第八章　法律责任

第六十六条　政府采购法第七十一条规定的罚款,数额为10万元以下。政府采购法第七十二条规定的罚款,数额为5万元以上25万元以下。

第六十七条　采购人有下列情形之一的,由财政部门责令限期改正,给予警告,对直接负责的主管人员和其他直接责任人员依法给予处分,并予以通报:

(一)未按照规定编制政府采购实施计划或者未按照规定将政府采购实施计划报本级人民政府财政部门备案;

(二)将应当进行公开招标的项目化整为零或者以其他任何方式规避公开招标;

(三)未按照规定在评标委员会、竞争性谈判小组或者询价小组推荐的中标或者成交候选人中确定中标或者成交供应商;

(四)未按照采购文件确定的事项签订政府采购合同;

(五)政府采购合同履行中追加与合同标的相同的货物、工程或者服务的采购金额超过原合同采购金额10%;

(六)擅自变更、中止或者终止政府采购合同;

(七)未按照规定公告政府采购合同;

(八)未按照规定时间将政府采购合同副本报本级人民政府财政部门和有

关部门备案。

第六十八条　采购人、采购代理机构有下列情形之一的，依照政府采购法第七十一条、第七十八条的规定追究法律责任：

(一)未依照政府采购法和本条例规定的方式实施采购；

(二)未依法在指定的媒体上发布政府采购项目信息；

(三)未按照规定执行政府采购政策；

(四)违反本条例第十五条的规定导致无法组织对供应商履约情况进行验收或者国家财产遭受损失；

(五)未依法从政府采购评审专家库中抽取评审专家；

(六)非法干预采购评审活动；

(七)采用综合评分法时评审标准中的分值设置未与评审因素的量化指标相对应；

(八)对供应商的询问、质疑逾期未作处理；

(九)通过对样品进行检测、对供应商进行考察等方式改变评审结果；

(十)未按照规定组织对供应商履约情况进行验收。

第六十九条　集中采购机构有下列情形之一的，由财政部门责令限期改正，给予警告，有违法所得的，并处没收违法所得，对直接负责的主管人员和其他直接责任人员依法给予处分，并予以通报：

(一)内部监督管理制度不健全，对依法应当分设、分离的岗位、人员未分设、分离；

(二)将集中采购项目委托其他采购代理机构采购；

(三)从事营利活动。

第七十条　采购人员与供应商有利害关系而不依法回避的，由财政部门给予警告，并处2000元以上2万元以下的罚款。

第七十一条　有政府采购法第七十一条、第七十二条规定的违法行为之一，影响或者可能影响中标、成交结果的，依照下列规定处理：

(一)未确定中标或者成交供应商的，终止本次政府采购活动，重新开展政府采购活动。

（二）已确定中标或者成交供应商但尚未签订政府采购合同的，中标或者成交结果无效，从合格的中标或者成交候选人中另行确定中标或者成交供应商；没有合格的中标或者成交候选人的，重新开展政府采购活动。

（三）政府采购合同已签订但尚未履行的，撤销合同，从合格的中标或者成交候选人中另行确定中标或者成交供应商；没有合格的中标或者成交候选人的，重新开展政府采购活动。

（四）政府采购合同已经履行，给采购人、供应商造成损失的，由责任人承担赔偿责任。

政府采购当事人有其他违反政府采购法或者本条例规定的行为，经改正后仍然影响或者可能影响中标、成交结果或者依法被认定为中标、成交无效的，依照前款规定处理。

第七十二条　供应商有下列情形之一的，依照政府采购法第七十七条第一款的规定追究法律责任：

（一）向评标委员会、竞争性谈判小组或者询价小组成员行贿或者提供其他不正当利益；

（二）中标或者成交后无正当理由拒不与采购人签订政府采购合同；

（三）未按照采购文件确定的事项签订政府采购合同；

（四）将政府采购合同转包；

（五）提供假冒伪劣产品；

（六）擅自变更、中止或者终止政府采购合同。

供应商有前款第一项规定情形的，中标、成交无效。评审阶段资格发生变化，供应商未依照本条例第二十一条的规定通知采购人和采购代理机构的，处以采购金额5‰的罚款，列入不良行为记录名单，中标、成交无效。

第七十三条　供应商捏造事实、提供虚假材料或者以非法手段取得证明材料进行投诉的，由财政部门列入不良行为记录名单，禁止其1至3年内参加政府采购活动。

第七十四条　有下列情形之一的，属于恶意串通，对供应商依照政府采购法第七十七条第一款的规定追究法律责任，对采购人、采购代理机构及其工作人员依照政府采购法第七十二条的规定追究法律责任：

（一）供应商直接或者间接从采购人或者采购代理机构处获得其他供应商的相关情况并修改其投标文件或者响应文件；

（二）供应商按照采购人或者采购代理机构的授意撤换、修改投标文件或者响应文件；

（三）供应商之间协商报价、技术方案等投标文件或者响应文件的实质性内容；

（四）属于同一集团、协会、商会等组织成员的供应商按照该组织要求协同参加政府采购活动；

（五）供应商之间事先约定由某一特定供应商中标、成交；

（六）供应商之间商定部分供应商放弃参加政府采购活动或者放弃中标、成交；

（七）供应商与采购人或者采购代理机构之间、供应商相互之间，为谋求特定供应商中标、成交或者排斥其他供应商的其他串通行为。

第七十五条　政府采购评审专家未按照采购文件规定的评审程序、评审方法和评审标准进行独立评审或者泄露评审文件、评审情况的，由财政部门给予警告，并处2000元以上2万元以下的罚款；影响中标、成交结果的，处2万元以上5万元以下的罚款，禁止其参加政府采购评审活动。

政府采购评审专家与供应商存在利害关系未回避的，处2万元以上5万元以下的罚款，禁止其参加政府采购评审活动。

政府采购评审专家收受采购人、采购代理机构、供应商贿赂或者获取其他不正当利益，构成犯罪的，依法追究刑事责任；尚不构成犯罪的，处2万元以上5万元以下的罚款，禁止其参加政府采购评审活动。

政府采购评审专家有上述违法行为的，其评审意见无效，不得获取评审费；有违法所得的，没收违法所得；给他人造成损失的，依法承担民事责任。

第七十六条　政府采购当事人违反政府采购法和本条例规定，给他人造成损失的，依法承担民事责任。

第七十七条　财政部门在履行政府采购监督管理职责中违反政府采购法和本条例规定，滥用职权、玩忽职守、徇私舞弊的，对直接负责的主管人员和其他直接责任人员依法给予处分；直接负责的主管人员和其他直接责任人员构成犯罪的，依法追究刑事责任。

第九章　附则

第七十八条　财政管理实行省直接管理的县级人民政府可以根据需要并报经省级人民政府批准，行使政府采购法和本条例规定的设区的市级人民政府批准变更采购方式的职权。

第七十九条　本条例自2015年3月1日起施行。

中华人民共和国财政部令第87号

——政府采购货物和服务招标投标管理办法

财政部对《政府采购货物和服务招标投标管理办法》(财政部令第18号)进行了修订,修订后的《政府采购货物和服务招标投标管理办法》已经部务会议审议通过。现予公布,自2017年10月1日起施行。

部长　肖捷

2017年7月11日

第一章　总　则

第一条 为了规范政府采购当事人的采购行为,加强对政府采购货物和服务招标投标活动的监督管理,维护国家利益、社会公共利益和政府采购招标投标活动当事人的合法权益,依据《中华人民共和国政府采购法》(以下简称政府采购法)、《中华人民共和国政府采购法实施条例》(以下简称政府采购法实施条例)和其他有关法律法规规定,制定本办法。

第二条 本办法适用于在中华人民共和国境内开展政府采购货物和服务(以下简称货物服务)招标投标活动。

第三条 货物服务招标分为公开招标和邀请招标。

公开招标,是指采购人依法以招标公告的方式邀请非特定的供应商参加投标的采购方式。

邀请招标,是指采购人依法从符合相应资格条件的供应商中随机抽取3家以上供应商,并以投标邀请书的方式邀请其参加投标的采购方式。

第四条 属于地方预算的政府采购项目,省、自治区、直辖市人民政府根据实际情况,可以确定分别适用于本行政区域省级、设区的市级、县级公开招标数额标准。

第五条 采购人应当在货物服务招标投标活动中落实节约能源、保护环境、扶持不发达地区和少数民族地区、促进中小企业发展等政府采购政策。

第六条 采购人应当按照行政事业单位内部控制规范要求，建立健全本单位政府采购内部控制制度，在编制政府采购预算和实施计划、确定采购需求、组织采购活动、履约验收、答复询问质疑、配合投诉处理及监督检查等重点环节加强内部控制管理。

采购人不得向供应商索要或者接受其给予的赠品、回扣或者与采购无关的其他商品、服务。

第七条 采购人应当按照财政部制定的《政府采购品目分类目录》确定采购项目属性。按照《政府采购品目分类目录》无法确定的，按照有利于采购项目实施的原则确定。

第八条 采购人委托采购代理机构代理招标的，采购代理机构应当在采购人委托的范围内依法开展采购活动。

采购代理机构及其分支机构不得在所代理的采购项目中投标或者代理投标，不得为所代理的采购项目的投标人参加本项目提供投标咨询。

第二章 招 标

第九条 未纳入集中采购目录的政府采购项目，采购人可以自行招标，也可以委托采购代理机构在委托的范围内代理招标。

采购人自行组织开展招标活动的，应当符合下列条件：

(一)有编制招标文件、组织招标的能力和条件；

(二)有与采购项目专业性相适应的专业人员。

第十条 采购人应当对采购标的的市场技术或者服务水平、供应、价格等情况进行市场调查，根据调查情况、资产配置标准等科学、合理地确定采购需求，进行价格测算。

第十一条 采购需求应当完整、明确，包括以下内容：

(一)采购标的需实现的功能或者目标，以及为落实政府采购政策需满足的要求；

(二)采购标的需执行的国家相关标准、行业标准、地方标准或者其他标准、规范;

(三)采购标的需满足的质量、安全、技术规格、物理特性等要求;

(四)采购标的的数量、采购项目交付或者实施的时间和地点;

(五)采购标的需满足的服务标准、期限、效率等要求;

(六)采购标的的验收标准;

(七)采购标的的其他技术、服务等要求。

第十二条 采购人根据价格测算情况,可以在采购预算额度内合理设定最高限价,但不得设定最低限价。

第十三条 公开招标公告应当包括以下主要内容:

(一)采购人及其委托的采购代理机构的名称、地址和联系方法;

(二)采购项目的名称、预算金额,设定最高限价的,还应当公开最高限价;

(三)采购人的采购需求;

(四)投标人的资格要求;

(五)获取招标文件的时间期限、地点、方式及招标文件售价;

(六)公告期限;

(七)投标截止时间、开标时间及地点;

(八)采购项目联系人姓名和电话。

第十四条 采用邀请招标方式的,采购人或者采购代理机构应当通过以下方式产生符合资格条件的供应商名单,并从中随机抽取3家以上供应商向其发出投标邀请书:

(一)发布资格预审公告征集;

(二)从省级以上人民政府财政部门(以下简称财政部门)建立的供应商库中选取;

(三)采购人书面推荐。

采用前款第一项方式产生符合资格条件供应商名单的,采购人或者采购代理机构应当按照资格预审文件载明的标准和方法,对潜在投标人进行资格预审。

采用第一款第二项或者第三项方式产生符合资格条件供应商名单的，备选的符合资格条件供应商总数不得少于拟随机抽取供应商总数的两倍。

随机抽取是指通过抽签等能够保证所有符合资格条件供应商机会均等的方式选定供应商。随机抽取供应商时，应当有不少于两名采购人工作人员在场监督，并形成书面记录，随采购文件一并存档。

投标邀请书应当同时向所有受邀请的供应商发出。

第十五条 资格预审公告应当包括以下主要内容：

（一）本办法第十三条第一至四项、第六项和第八项内容；

（二）获取资格预审文件的时间期限、地点、方式；

（三）提交资格预审申请文件的截止时间、地点及资格预审日期。

第十六条 招标公告、资格预审公告的公告期限为5个工作日。公告内容应当以省级以上财政部门指定媒体发布的公告为准。公告期限自省级以上财政部门指定媒体最先发布公告之日起算。

第十七条 采购人、采购代理机构不得将投标人的注册资本、资产总额、营业收入、从业人员、利润、纳税额等规模条件作为资格要求或者评审因素，也不得通过将除进口货物以外的生产厂家授权、承诺、证明、背书等作为资格要求，对投标人实行差别待遇或者歧视待遇。

第十八条 采购人或者采购代理机构应当按照招标公告、资格预审公告或者投标邀请书规定的时间、地点提供招标文件或者资格预审文件，提供期限自招标公告、资格预审公告发布之日起计算不得少于5个工作日。提供期限届满后，获取招标文件或者资格预审文件的潜在投标人不足3家的，可以顺延提供期限，并予公告。

公开招标进行资格预审的，招标公告和资格预审公告可以合并发布，招标文件应当向所有通过资格预审的供应商提供。

第十九条 采购人或者采购代理机构应当根据采购项目的实施要求，在招标公告、资格预审公告或者投标邀请书中载明是否接受联合体投标。如未载明，不得拒绝联合体投标。

第二十条 采购人或者采购代理机构应当根据采购项目的特点和采购需求编制招标文件。招标文件应当包括以下主要内容：

（一）投标邀请；

（二）投标人须知（包括投标文件的密封、签署、盖章要求等）；

（三）投标人应当提交的资格、资信证明文件；

（四）为落实政府采购政策，采购标的需满足的要求，以及投标人须提供的证明材料；

（五）投标文件编制要求、投标报价要求和投标保证金交纳、退还方式以及不予退还投标保证金的情形；

（六）采购项目预算金额，设定最高限价的，还应当公开最高限价；

（七）采购项目的技术规格、数量、服务标准、验收等要求，包括附件、图纸等；

（八）拟签订的合同文本；

（九）货物、服务提供的时间、地点、方式；

（十）采购资金的支付方式、时间、条件；

（十一）评标方法、评标标准和投标无效情形；

（十二）投标有效期；

（十三）投标截止时间、开标时间及地点；

（十四）采购代理机构代理费用的收取标准和方式；

（十五）投标人信用信息查询渠道及截止时点、信用信息查询记录和证据留存的具体方式、信用信息的使用规则等；

（十六）省级以上财政部门规定的其他事项。

对于不允许偏离的实质性要求和条件，采购人或者采购代理机构应当在招标文件中规定，并以醒目的方式标明。

第二十一条 采购人或者采购代理机构应当根据采购项目的特点和采购需求编制资格预审文件。资格预审文件应当包括以下主要内容：

（一）资格预审邀请；

（二）申请人须知；

（三）申请人的资格要求；

（四）资格审核标准和方法；

（五）申请人应当提供的资格预审申请文件的内容和格式；

（六）提交资格预审申请文件的方式、截止时间、地点及资格审核日期；

（七）申请人信用信息查询渠道及截止时点、信用信息查询记录和证据留存的具体方式、信用信息的使用规则等内容；

（八）省级以上财政部门规定的其他事项。

资格预审文件应当免费提供。

第二十二条 采购人、采购代理机构一般不得要求投标人提供样品，仅凭书面方式不能准确描述采购需求或者需要对样品进行主观判断以确认是否满足采购需求等特殊情况除外。

要求投标人提供样品的，应当在招标文件中明确规定样品制作的标准和要求、是否需要随样品提交相关检测报告、样品的评审方法以及评审标准。需要随样品提交检测报告的，还应当规定检测机构的要求、检测内容等。

采购活动结束后，对于未中标人提供的样品，应当及时退还或者经未中标人同意后自行处理；对于中标人提供的样品，应当按照招标文件的规定进行保管、封存，并作为履约验收的参考。

第二十三条 投标有效期从提交投标文件的截止之日起算。投标文件中承诺的投标有效期应当不少于招标文件中载明的投标有效期。投标有效期内投标人撤销投标文件的，采购人或者采购代理机构可以不退还投标保证金。

第二十四条 招标文件售价应当按照弥补制作、邮寄成本的原则确定，不得以营利为目的，不得以招标采购金额作为确定招标文件售价的依据。

第二十五条 招标文件、资格预审文件的内容不得违反法律、行政法规、强制性标准、政府采购政策，或者违反公开透明、公平竞争、公正和诚实信用原则。

有前款规定情形,影响潜在投标人投标或者资格预审结果的,采购人或者采购代理机构应当修改招标文件或者资格预审文件后重新招标。

第二十六条 采购人或者采购代理机构可以在招标文件提供期限截止后,组织已获取招标文件的潜在投标人现场考察或者召开开标前答疑会。

组织现场考察或者召开答疑会的,应当在招标文件中载明,或者在招标文件提供期限截止后以书面形式通知所有获取招标文件的潜在投标人。

第二十七条 采购人或者采购代理机构可以对已发出的招标文件、资格预审文件、投标邀请书进行必要的澄清或者修改,但不得改变采购标的和资格条件。澄清或者修改应当在原公告发布媒体上发布澄清公告。澄清或者修改的内容为招标文件、资格预审文件、投标邀请书的组成部分。

澄清或者修改的内容可能影响投标文件编制的,采购人或者采购代理机构应当在投标截止时间至少15日前,以书面形式通知所有获取招标文件的潜在投标人;不足15日的,采购人或者采购代理机构应当顺延提交投标文件的截止时间。

澄清或者修改的内容可能影响资格预审申请文件编制的,采购人或者采购代理机构应当在提交资格预审申请文件截止时间至少3日前,以书面形式通知所有获取资格预审文件的潜在投标人;不足3日的,采购人或者采购代理机构应当顺延提交资格预审申请文件的截止时间。

第二十八条 投标截止时间前,采购人、采购代理机构和有关人员不得向他人透露已获取招标文件的潜在投标人的名称、数量以及可能影响公平竞争的有关招标投标的其他情况。

第二十九条 采购人、采购代理机构在发布招标公告、资格预审公告或者发出投标邀请书后,除因重大变故采购任务取消情况外,不得擅自终止招标活动。

终止招标的,采购人或者采购代理机构应当及时在原公告发布媒体上发布终止公告,以书面形式通知已经获取招标文件、资格预审文件或者被邀请的潜在投标人,并将项目实施情况和采购任务取消原因报告本级财政部门。已经收取招标文件费用或者投标保证金的，采购人或者采购代理机构应当在终止采购活动后5个工作日内，退还所收取的招标文件费用和所收取的投标保证金及其在银行产生的孳息。

第三章　投　标

第三十条 投标人，是指响应招标、参加投标竞争的法人、其他组织或者自然人。

第三十一条 采用最低评标价法的采购项目，提供相同品牌产品的不同投标人参加同一合同项下投标的，以其中通过资格审查、符合性审查且报价最低的参加评标；报价相同的，由采购人或者采购人委托评标委员会按照招标文件规定的方式确定一个参加评标的投标人，招标文件未规定的采取随机抽取方式确定，其他投标无效。

使用综合评分法的采购项目，提供相同品牌产品且通过资格审查、符合性审查的不同投标人参加同一合同项下投标的，按一家投标人计算，评审后得分最高的同品牌投标人获得中标人推荐资格；评审得分相同的，由采购人或者采购人委托评标委员会按照招标文件规定的方式确定一个投标人获得中标人推荐资格，招标文件未规定的采取随机抽取方式确定，其他同品牌投标人不作为中标候选人。

非单一产品采购项目，采购人应当根据采购项目技术构成、产品价格比重等合理确定核心产品，并在招标文件中载明。多家投标人提供的核心产品品牌相同的，按前两款规定处理。

第三十二条 投标人应当按照招标文件的要求编制投标文件。投标文件应当对招标文件提出的要求和条件作出明确响应。

第三十三条 投标人应当在招标文件要求提交投标文件的截止时间前，将投标文件密封送达投标地点。采购人或者采购代理机构收到投标文件后，应当如实记载投标文件的送达时间和密封情况，签收保存，并向投标人出具签收回执。任何单位和个人不得在开标前开启投标文件。

逾期送达或者未按照招标文件要求密封的投标文件，采购人、采购代理机构应当拒收。

第三十四条 投标人在投标截止时间前，可以对所递交的投标文件进行补充、修改或者撤回，并书面通知采购人或者采购代理机构。补充、修改的内容应当按照招标文件要求签署、盖章、密封后，作为投标文件的组成部分。

第三十五条 投标人根据招标文件的规定和采购项目的实际情况，拟在中标后将中标项目的非主体、非关键性工作分包的，应当在投标文件中载明分包承担主体，分包承担主体应当具备相应资质条件且不得再次分包。

第三十六条 投标人应当遵循公平竞争的原则，不得恶意串通，不得妨碍其他投标人的竞争行为，不得损害采购人或者其他投标人的合法权益。

在评标过程中发现投标人有上述情形的，评标委员会应当认定其投标无效，并书面报告本级财政部门。

第三十七条 有下列情形之一的，视为投标人串通投标，其投标无效：

（一）不同投标人的投标文件由同一单位或者个人编制；

（二）不同投标人委托同一单位或者个人办理投标事宜；

（三）不同投标人的投标文件载明的项目管理成员或者联系人员为同一人；

（四）不同投标人的投标文件异常一致或者投标报价呈规律性差异；

（五）不同投标人的投标文件相互混装；

（六）不同投标人的投标保证金从同一单位或者个人的账户转出。

第三十八条 投标人在投标截止时间前撤回已提交的投标文件的，采购人或者采购代理机构应当自收到投标人书面撤回通知之日起 5 个工作日内，退还已收取的投标保证金，但因投标人自身原因导致无法及时退还的除外。

采购人或者采购代理机构应当自中标通知书发出之日起5个工作日内退还未中标人的投标保证金，自采购合同签订之日起5个工作日内退还中标人的投标保证金或者转为中标人的履约保证金。

采购人或者采购代理机构逾期退还投标保证金的，除应当退还投标保证金本金外，还应当按中国人民银行同期贷款基准利率上浮20%后的利率支付超期资金占用费，但因投标人自身原因导致无法及时退还的除外。

第四章 开标、评标

第三十九条 开标应当在招标文件确定的提交投标文件截止时间的同一时间进行。开标地点应当为招标文件中预先确定的地点。

采购人或者采购代理机构应当对开标、评标现场活动进行全程录音录像。录音录像应当清晰可辨，音像资料作为采购文件一并存档。

第四十条 开标由采购人或者采购代理机构主持，邀请投标人参加。评标委员会成员不得参加开标活动。

第四十一条 开标时，应当由投标人或者其推选的代表检查投标文件的密封情况；经确认无误后，由采购人或者采购代理机构工作人员当众拆封，宣布投标人名称、投标价格和招标文件规定的需要宣布的其他内容。

投标人不足3家的，不得开标。

第四十二条 开标过程应当由采购人或者采购代理机构负责记录，由参加开标的各投标人代表和相关工作人员签字确认后随采购文件一并存档。

投标人代表对开标过程和开标记录有疑义，以及认为采购人、采购代理机构相关工作人员有需要回避的情形的，应当场提出询问或者回避申请。采购人、采购代理机构对投标人代表提出的询问或者回避申请应当及时处理。

投标人未参加开标的，视同认可开标结果。

第四十三条 公开招标数额标准以上的采购项目，投标截止后投标人不足3家或者通过资格审查或符合性审查的投标人不足3家的，除采购任务取消情形外，按照以下方式处理：

（一）招标文件存在不合理条款或者招标程序不符合规定的，采购人、采购代理机构改正后依法重新招标；

（二）招标文件没有不合理条款、招标程序符合规定，需要采用其他采购方式采购的，采购人应当依法报财政部门批准。

第四十四条 公开招标采购项目开标结束后，采购人或者采购代理机构应当依法对投标人的资格进行审查。

合格投标人不足3家的，不得评标。

第四十五条 采购人或者采购代理机构负责组织评标工作，并履行下列职责：

（一）核对评审专家身份和采购人代表授权函，对评审专家在政府采购活动中的职责履行情况予以记录，并及时将有关违法违规行为向财政部门报告；

（二）宣布评标纪律；

（三）公布投标人名单，告知评审专家应当回避的情形；

（四）组织评标委员会推选评标组长，采购人代表不得担任组长；

（五）在评标期间采取必要的通讯管理措施，保证评标活动不受外界干扰；

（六）根据评标委员会的要求介绍政府采购相关政策法规、招标文件；

（七）维护评标秩序，监督评标委员会依照招标文件规定的评标程序、方法和标准进行独立评审，及时制止和纠正采购人代表、评审专家的倾向性言论或者违法违规行为；

（八）核对评标结果，有本办法第六十四条规定情形的，要求评标委员会复核或者书面说明理由，评标委员会拒绝的，应予记录并向本级财政部门报告；

（九）评审工作完成后，按照规定向评审专家支付劳务报酬和异地评审差旅费，不得向评审专家以外的其他人员支付评审劳务报酬；

（十）处理与评标有关的其他事项。

采购人可以在评标前说明项目背景和采购需求，说明内容不得含有歧视性、倾向性意见，不得超出招标文件所述范围。说明应当提交书面材料，并随采购文件一并存档。

第四十六条 评标委员会负责具体评标事务，并独立履行下列职责：

（一）审查、评价投标文件是否符合招标文件的商务、技术等实质性要求；

（二）要求投标人对投标文件有关事项作出澄清或者说明；

（三）对投标文件进行比较和评价；

（四）确定中标候选人名单，以及根据采购人委托直接确定中标人；

（五）向采购人、采购代理机构或者有关部门报告评标中发现的违法行为。

第四十七条 评标委员会由采购人代表和评审专家组成，成员人数应当为5人以上单数，其中评审专家不得少于成员总数的三分之二。

采购项目符合下列情形之一的，评标委员会成员人数应当为7人以上单数：

（一）采购预算金额在1000万元以上；

（二）技术复杂；

（三）社会影响较大。

评审专家对本单位的采购项目只能作为采购人代表参与评标，本办法第四十八条第二款规定情形除外。采购代理机构工作人员不得参加由本机构代理的政府采购项目的评标。

评标委员会成员名单在评标结果公告前应当保密。

第四十八条 采购人或者采购代理机构应当从省级以上财政部门设立的政府采购评审专家库中，通过随机方式抽取评审专家。

对技术复杂、专业性强的采购项目，通过随机方式难以确定合适评审专家的，经主管预算单位同意，采购人可以自行选定相应专业领域的评审专家。

第四十九条 评标中因评标委员会成员缺席、回避或者健康等特殊原因导致评标委员会组成不符合本办法规定的，采购人或者采购代理机构应当依法补足后继续评标。被更换的评标委员会成员所作出的评标意见无效。

无法及时补足评标委员会成员的，采购人或者采购代理机构应当停止评标活动，封存所有投标文件和开标、评标资料，依法重新组建评标委员会进行评标。原评标委员会所作出的评标意见无效。

采购人或者采购代理机构应当将变更、重新组建评标委员会的情况予以记录，并随采购文件一并存档。

第五十条 评标委员会应当对符合资格的投标人的投标文件进行符合性审查，以确定其是否满足招标文件的实质性要求。

第五十一条 对于投标文件中含义不明确、同类问题表述不一致或者有明显文字和计算错误的内容，评标委员会应当以书面形式要求投标人作出必要的澄清、说明或者补正。

投标人的澄清、说明或者补正应当采用书面形式，并加盖公章，或者由法定代表人或其授权的代表签字。投标人的澄清、说明或者补正不得超出投标文件的范围或者改变投标文件的实质性内容。

第五十二条 评标委员会应当按照招标文件中规定的评标方法和标准，对符合性审查合格的投标文件进行商务和技术评估，综合比较与评价。

第五十三条 评标方法分为最低评标价法和综合评分法。

第五十四条 最低评标价法，是指投标文件满足招标文件全部实质性要求，且投标报价最低的投标人为中标候选人的评标方法。

技术、服务等标准统一的货物服务项目，应当采用最低评标价法。

采用最低评标价法评标时，除了算术修正和落实政府采购政策需进行的价格扣除外，不能对投标人的投标价格进行任何调整。

第五十五条 综合评分法，是指投标文件满足招标文件全部实质性要求，且按照评审因素的量化指标评审得分最高的投标人为中标候选人的评标方法。

评审因素的设定应当与投标人所提供货物服务的质量相关，包括投标报价、技术或者服务水平、履约能力、售后服务等。资格条件不得作为评审因素。评审因素应当在招标文件中规定。

评审因素应当细化和量化，且与相应的商务条件和采购需求对应。商务条件和采购需求指标有区间规定的，评审因素应当量化到相应区间，并设置各区间对应的不同分值。

评标时，评标委员会各成员应当独立对每个投标人的投标文件进行评价，并汇总每个投标人的得分。

货物项目的价格分值占总分值的比重不得低于30%；服务项目的价格分值占总分值的比重不得低于10%。执行国家统一定价标准和采用固定价格采购的项目，其价格不列为评审因素。

价格分应当采用低价优先法计算，即满足招标文件要求且投标价格最低的投标报价为评标基准价，其价格分为满分。其他投标人的价格分统一按照下列公式计算：

投标报价得分=(评标基准价／投标报价)×100

评标总得分 = F1×A1 + F2×A2 + …… + Fn×An

F1、F2……Fn分别为各项评审因素的得分；

A1、A2、……An 分别为各项评审因素所占的权重(A1 + A2 + …… + An = 1)。

评标过程中，不得去掉报价中的最高报价和最低报价。

因落实政府采购政策进行价格调整的，以调整后的价格计算评标基准价和投标报价。

第五十六条 采用最低评标价法的，评标结果按投标报价由低到高顺序排列。投标报价相同的并列。投标文件满足招标文件全部实质性要求且投标报价最低的投标人为排名第一的中标候选人。

第五十七条 采用综合评分法的，评标结果按评审后得分由高到低顺序排列。得分相同的，按投标报价由低到高顺序排列。得分且投标报价相同的并列。投标文件满足招标文件全部实质性要求，且按照评审因素的量化指标评审得分最高的投标人为排名第一的中标候选人。

第五十八条 评标委员会根据全体评标成员签字的原始评标记录和评标结果编写评标报告。评标报告应当包括以下内容：

（一）招标公告刊登的媒体名称、开标日期和地点；

（二）投标人名单和评标委员会成员名单；

（三）评标方法和标准；

（四）开标记录和评标情况及说明，包括无效投标人名单及原因；

（五）评标结果，确定的中标候选人名单或者经采购人委托直接确定的中标人；

（六）其他需要说明的情况，包括评标过程中投标人根据评标委员会要求进行的澄清、说明或者补正，评标委员会成员的更换等。

第五十九条 投标文件报价出现前后不一致的，除招标文件另有规定外，按照下列规定修正：

（一）投标文件中开标一览表（报价表）内容与投标文件中相应内容不一致的，以开标一览表（报价表）为准；

（二）大写金额和小写金额不一致的，以大写金额为准；

（三）单价金额小数点或者百分比有明显错位的，以开标一览表的总价为准，并修改单价；

（四）总价金额与按单价汇总金额不一致的，以单价金额计算结果为准。

同时出现两种以上不一致的，按照前款规定的顺序修正。修正后的报价按照本办法第五十一条第二款的规定经投标人确认后产生约束力，投标人不确认的，其投标无效。

第六十条 评标委员会认为投标人的报价明显低于其他通过符合性审查投标人的报价，有可能影响产品质量或者不能诚信履约的，应当要求其在评标现场合理的时间内提供书面说明，必要时提交相关证明材料；投标人不能证明其报价合理性的，评标委员会应当将其作为无效投标处理。

第六十一条 评标委员会成员对需要共同认定的事项存在争议的，应当按照少数服从多数的原则作出结论。持不同意见的评标委员会成员应当在评标报告上签署不同意见及理由，否则视为同意评标报告。

第六十二条 评标委员会及其成员不得有下列行为：

（一）确定参与评标至评标结束前私自接触投标人；

（二）接受投标人提出的与投标文件不一致的澄清或者说明，本办法第五十一条规定的情形除外；

（三）违反评标纪律发表倾向性意见或者征询采购人的倾向性意见；

（四）对需要专业判断的主观评审因素协商评分；

（五）在评标过程中擅离职守，影响评标程序正常进行的；

（六）记录、复制或者带走任何评标资料；

(七)其他不遵守评标纪律的行为。

评标委员会成员有前款第一至五项行为之一的,其评审意见无效,并不得获取评审劳务报酬和报销异地评审差旅费。

第六十三条 投标人存在下列情况之一的,投标无效:

(一)未按照招标文件的规定提交投标保证金的;

(二)投标文件未按招标文件要求签署、盖章的;

(三)不具备招标文件中规定的资格要求的;

(四)报价超过招标文件中规定的预算金额或者最高限价的;

(五)投标文件含有采购人不能接受的附加条件的;

(六)法律、法规和招标文件规定的其他无效情形。

第六十四条 评标结果汇总完成后,除下列情形外,任何人不得修改评标结果:

(一)分值汇总计算错误的;

(二)分项评分超出评分标准范围的;

(三)评标委员会成员对客观评审因素评分不一致的;

(四)经评标委员会认定评分畸高、畸低的。

评标报告签署前,经复核发现存在以上情形之一的,评标委员会应当当场修改评标结果,并在评标报告中记载;评标报告签署后,采购人或者采购代理机构发现存在以上情形之一的,应当组织原评标委员会进行重新评审,重新评审改变评标结果的,书面报告本级财政部门。

投标人对本条第一款情形提出质疑的,采购人或者采购代理机构可以组织原评标委员会进行重新评审,重新评审改变评标结果的,应当书面报告本级财政部门。

第六十五条 评标委员会发现招标文件存在歧义、重大缺陷导致评标工作无法进行,或者招标文件内容违反国家有关强制性规定的,应当停止评标工作,与采购人或者采购代理机构沟通并作书面记录。采购人或者采购代理机构确认后,应当修改招标文件,重新组织采购活动。

第六十六条 采购人、采购代理机构应当采取必要措施,保证评标在严格保密的情况下进行。除采购人代表、评标现场组织人员外,采购人的其他工作人员以及与评标工作无关的人员不得进入评标现场。

有关人员对评标情况以及在评标过程中获悉的国家秘密、商业秘密负有保密责任。

第六十七条 评标委员会或者其成员存在下列情形导致评标结果无效的,采购人、采购代理机构可以重新组建评标委员会进行评标,并书面报告本级财政部门,但采购合同已经履行的除外:

(一)评标委员会组成不符合本办法规定的;

(二)有本办法第六十二条第一至五项情形的;

(三)评标委员会及其成员独立评标受到非法干预的;

(四)有政府采购法实施条例第七十五条规定的违法行为的。

有违法违规行为的原评标委员会成员不得参加重新组建的评标委员会。

第五章 中标和合同

第六十八条 采购代理机构应当在评标结束后2个工作日内将评标报告送采购人。

采购人应当自收到评标报告之日起5个工作日内,在评标报告确定的中标候选人名单中按顺序确定中标人。中标候选人并列的,由采购人或者采购人委托评标委员会按照招标文件规定的方式确定中标人;招标文件未规定的,采取随机抽取的方式确定。

采购人自行组织招标的,应当在评标结束后5个工作日内确定中标人。

采购人在收到评标报告5个工作日内未按评标报告推荐的中标候选人顺序确定中标人,又不能说明合法理由的,视同按评标报告推荐的顺序确定排名第一的中标候选人为中标人。

第六十九条 采购人或者采购代理机构应当自中标人确定之日起2个工作日内,在省级以上财政部门指定的媒体上公告中标结果,招标文件应当随中标结果同时公告。

中标结果公告内容应当包括采购人及其委托的采购代理机构的名称、地址、联系方式，项目名称和项目编号，中标人名称、地址和中标金额，主要中标标的的名称、规格型号、数量、单价、服务要求，中标公告期限以及评审专家名单。

中标公告期限为1个工作日。

邀请招标采购人采用书面推荐方式产生符合资格条件的潜在投标人的，还应当将所有被推荐供应商名单和推荐理由随中标结果同时公告。

在公告中标结果的同时，采购人或者采购代理机构应当向中标人发出中标通知书；对未通过资格审查的投标人，应当告知其未通过的原因；采用综合评分法评审的，还应当告知未中标人本人的评审得分与排序。

第七十条 中标通知书发出后，采购人不得违法改变中标结果，中标人无正当理由不得放弃中标。

第七十一条 采购人应当自中标通知书发出之日起30日内，按照招标文件和中标人投标文件的规定，与中标人签订书面合同。所签订的合同不得对招标文件确定的事项和中标人投标文件作实质性修改。

采购人不得向中标人提出任何不合理的要求作为签订合同的条件。

第七十二条 政府采购合同应当包括采购人与中标人的名称和住所、标的、数量、质量、价款或者报酬、履行期限及地点和方式、验收要求、违约责任、解决争议的方法等内容。

第七十三条 采购人与中标人应当根据合同的约定依法履行合同义务。

政府采购合同的履行、违约责任和解决争议的方法等适用《中华人民共和国合同法》。

第七十四条 采购人应当及时对采购项目进行验收。采购人可以邀请参加本项目的其他投标人或者第三方机构参与验收。参与验收的投标人或者第三方机构的意见作为验收书的参考资料一并存档。

第七十五条 采购人应当加强对中标人的履约管理，并按照采购合同约定，及时向中标人支付采购资金。对于中标人违反采购合同约定的行为，采购人应当及时处理，依法追究其违约责任。

第七十六条 采购人、采购代理机构应当建立真实完整的招标采购档案，妥善保存每项采购活动的采购文件。

第六章　法律责任

第七十七条 采购人有下列情形之一的，由财政部门责令限期改正；情节严重的，给予警告，对直接负责的主管人员和其他直接责任人员由其行政主管部门或者有关机关依法给予处分，并予以通报；涉嫌犯罪的，移送司法机关处理：

（一）未按照本办法的规定编制采购需求的；

（二）违反本办法第六条第二款规定的；

（三）未在规定时间内确定中标人的；

（四）向中标人提出不合理要求作为签订合同条件的。

第七十八条 采购人、采购代理机构有下列情形之一的，由财政部门责令限期改正，情节严重的，给予警告，对直接负责的主管人员和其他直接责任人员，由其行政主管部门或者有关机关给予处分，并予通报；采购代理机构有违法所得的，没收违法所得，并可以处以不超过违法所得3倍、最高不超过3万元的罚款，没有违法所得的，可以处以1万元以下的罚款：

（一）违反本办法第八条第二款规定的；

（二）设定最低限价的；

（三）未按照规定进行资格预审或者资格审查的；

（四）违反本办法规定确定招标文件售价的；

（五）未按规定对开标、评标活动进行全程录音录像的；

（六）擅自终止招标活动的；

（七）未按照规定进行开标和组织评标的；

（八）未按照规定退还投标保证金的；

（九）违反本办法规定进行重新评审或者重新组建评标委员会进行评

标的；

（十）开标前泄露已获取招标文件的潜在投标人的名称、数量或者其他可能影响公平竞争的有关招标投标情况的；

（十一）未妥善保存采购文件的；

（十二）其他违反本办法规定的情形。

第七十九条 有本办法第七十七条、第七十八条规定的违法行为之一，经改正后仍然影响或者可能影响中标结果的，依照政府采购法实施条例第七十一条规定处理。

第八十条　政府采购当事人违反本办法规定，给他人造成损失的，依法承担民事责任。

第八十一条 评标委员会成员有本办法第六十二条所列行为之一的，由财政部门责令限期改正；情节严重的，给予警告，并对其不良行为予以记录。

第八十二条 财政部门应当依法履行政府采购监督管理职责。财政部门及其工作人员在履行监督管理职责中存在懒政怠政、滥用职权、玩忽职守、徇私舞弊等违法违纪行为的，依照政府采购法、《中华人民共和国公务员法》、《中华人民共和国行政监察法》、政府采购法实施条例等国家有关规定追究相应责任；涉嫌犯罪的，移送司法机关处理。

第七章　附　则

第八十三条 政府采购货物服务电子招标投标、政府采购货物中的进口机电产品招标投标有关特殊事宜，由财政部另行规定。

第八十四条 本办法所称主管预算单位是指负有编制部门预算职责，向本级财政部门申报预算的国家机关、事业单位和团体组织。

第八十五条 本办法规定按日计算期间的，开始当天不计入，从次日开始计算。期限的最后一日是国家法定节假日的，顺延到节假日后的次日为期限的最后一日。

第八十六条　本办法所称的“以上”、“以下”、“内”、“以内”，包括本数；所称的“不足”,不包括本数。

第八十七条 各省、自治区、直辖市财政部门可以根据本办法制定具体实施办法。

第八十八条 本办法自2017年10月1日起施行。财政部2004年8月11日发布的《政府采购货物和服务招标投标管理办法》(财政部令第18号)同时废止。

参考文献

[1]马海涛,姜爱华.政府采购管理(第二版)[M].北京:北京大学出版社,2016

[2]张璐.政府采购理论与实务[M].北京:首都经济贸易大学出版社,2011

[3]财政部国库司编.政府采购[M].北京:中国方正出版社,2004

[4]于安.政府采购制度的发展与立法[M].北京:中国法制出版社,2001